Das Neue Air Fryer Kochbuch

Einfache Rezepte zum Braten, Backen, Grillen und Braten. Genießen Sie die Knusprigkeit, nehmen Sie ab und bringen Sie den Stoffwechsel in Schwung mit gesunden und preiswerten Rezepten.

Ursula Mayert

Inhaltsverzeichnis

Die Informationen auf den folgenden Seiten werden im Großen und Ganzen als wahrheitsgemäße und genaue Darstellung von Tatsachen betrachtet, und als solche liegen alle daraus resultierenden Handlungen ausschließlich in der Verantwortung des Lesers, wenn er die Informationen nicht beachtet, verwendet oder missbraucht. Es gibt keine Szenarien, in denen der Herausgeber oder der ursprüngliche Autor dieses Werkes in irgendeiner Weise für Härten oder Schäden haftbar gemacht werden kann, die ihnen nach der Aufnahme der hier beschriebenen Informationen entstehen könnten.

Darüber hinaus dienen die Angaben auf den folgenden Seiten ausschließlich Informationszwecken und sind daher als allgemeingültig zu betrachten. Sie werden ihrer Natur entsprechend ohne Gewähr für ihre dauerhafte Gültigkeit oder Zwischenqualität präsentiert. Die Erwähnung von Warenzeichen erfolgt ohne schriftliche Zustimmung und kann in keiner Weise als Zustimmung des Warenzeicheninhabers gewertet werden.

Einführung

Eine Luftfritteuse ist ein relativ neues Küchengerät, das sich bei den Verbrauchern als sehr beliebt erwiesen hat. Obwohl es viele verschiedene Varianten gibt, haben die meisten Luftfritteusen viele gemeinsame Merkmale. Sie haben alle Heizelemente, die heiße Luft zum Garen der Speisen zirkulieren lassen. Die meisten verfügen über vorprogrammierte Einstellungen, die den Benutzer bei der Zubereitung einer Vielzahl von Speisen unterstützen.

Das Frittieren an der Luft ist eine gesündere Art des Kochens, da es weniger Öl als die traditionellen Frittiermethoden verwendet. Während der Geschmack und die Qualität der Lebensmittel erhalten bleiben, wird die Menge des beim Kochen verwendeten Fetts reduziert. Das Frittieren an der Luft ist eine gängige Methode zum "Braten" von Lebensmitteln, die hauptsächlich aus Eiern und Mehl bestehen. Diese Lebensmittel können mit dieser Methode je nach Vorliebe weich oder knusprig sein.

So funktionieren Luftfritteusen

Luftfritteusen verwenden ein Gebläse, um heiße Luft um die Lebensmittel zu zirkulieren. Die heiße Luft erwärmt die Feuchtigkeit auf den Lebensmitteln, bis sie verdampft und Dampf entsteht. Wenn sich der Dampf um das Gargut herum aufbaut, entsteht ein Druck, der die Feuchtigkeit von der Oberfläche des Garguts abzieht und von der Mitte wegdrückt, wodurch kleine Blasen entstehen. Durch die Bläschen entsteht eine Luftschicht, die das Gargut umgibt und eine knusprige Kruste erzeugt.

Auswahl einer Heißluftfritteuse

Suchen Sie bei der Auswahl einer Heißluftfritteuse nach einer, die gute Bewertungen zur Kundenzufriedenheit hat. Beginnen Sie mit den Funktionen, die Sie benötigen, wie z. B. Leistung, Kapazitätsgröße und Zubehör. Suchen Sie nach einem Gerät, das einfach zu bedienen ist. Einige Luftfritteusen auf dem Markt haben einen eingebauten Timer und eine einstellbare Temperatur. Suchen Sie nach einem Gerät mit einem Trichter zum Auffangen von Fett, einem spülmaschinenfesten Korb und leicht zu reinigenden Teilen.

Wie man eine Heißluftfritteuse benutzt

Um beste Ergebnisse zu erzielen, heizen Sie die Luftfritteuse 10 Minuten lang auf 400 F vor. Durch das Vorheizen der Luftfritteuse erreicht diese schneller die richtige Temperatur. Außerdem ist das Vorheizen der Heißluftfritteuse wichtig, um sicherzustellen, dass Ihr Essen nicht anbrennt.

Wie man Sachen in einer Luftfritteuse zubereitet

Wenn Sie noch keine Heißluftfritteuse haben, können Sie mit Ihren Öfen spielen, indem Sie ein paar tiefgefrorene Pommes frites hineinwerfen und sie garen, bis sie gleichmäßig gebräunt sind. Je nach Ofen sollten Sie einen Blick auf die Temperatur werfen. Möglicherweise müssen Sie die Zeit erhöhen oder verringern.

Welche Lebensmittel können Sie in einer Heißluftfritteuse zubereiten?

Eier: Sie können zwar Eier in einer Heißluftfritteuse kochen, aber wir raten davon ab, da Sie die Garzeit und Temperatur nicht so genau kontrollieren können wie bei einer traditionellen Bratpfanne oder Pfanne. Es ist viel einfacher, ungleichmäßig gekochte Eier zu bekommen. Außerdem können Sie keine Saucen oder Gewürze hinzugeben und Sie erhalten keine knusprigen, goldbraunen Ränder.

Gefrorene Lebensmittel: Im Allgemeinen werden gefrorene Lebensmittel am besten im herkömmlichen Ofen gegart, da sie eine bestimmte Temperatur erreichen müssen, um richtig gegart zu werden. Die Luftfritteuse ist nicht in der Lage, Temperaturen zu erreichen, die dazu führen, dass die Lebensmittel vollständig gegart werden.

Dehydrierte Lebensmittel: Dehydrierte Lebensmittel müssen frittiert werden, was Sie mit einer Heißluftfritteuse nicht tun können. Wenn es um das Garen von dehydrierten Lebensmitteln geht, ist die Heißluftfritteuse nicht die beste Option.

Gemüse: Sie können Gemüse in einer Heißluftfritteuse garen, aber Sie müssen darauf achten, dass die Heißluftfritteuse nicht auf eine Temperatur eingestellt ist, bei der das Gemüse verbrennt.

Um sicherzustellen, dass Ihr Gemüse nicht verkocht, starten Sie die Fritteuse mit ausgeschaltetem Korb und werfen Sie das Gemüse ein, sobald sich die Luft erwärmt hat und keine kalten Stellen mehr vorhanden sind.

Achten Sie darauf, das Gemüse alle paar Minuten umzurühren. Das Garen im Korb ist auch eine Option, aber es kann ein wenig zusammenkleben.

Pommes frites: Das Frittieren von Pommes frites in einer Luftfritteuse ist eine gute Möglichkeit, knusprige, goldbraune Pommes frites zu erhalten, ohne viel Öl hinzuzufügen. Im Vergleich zum herkömmlichen Frittieren liefert das Luftfritieren weniger Kalorien.

Um Pommes frites in einer Heißluftfritteuse zu garen, verwenden Sie einen Korb oder ein Gestell und gießen Sie so viel Öl ein, dass die Pommes frites etwa bis zur Hälfte der Höhe reichen. Die besten Ergebnisse erzielen Sie, wenn die Pommes frites gefroren sind. Schalten Sie die Luftfritteuse auf 400 Grad und stellen Sie sie auf 12 Minuten ein. Wenn Sie die Pommes besonders knusprig haben möchten, können Sie sie auf 18 Minuten einstellen, aber sie könnten dann etwas anbrennen.

Vorteile einer Luftfritteuse:

- Es ist eine der einfachsten Möglichkeiten, gesunde Lebensmittel zu kochen. Wenn Sie ihn 4-5 Mal pro Woche verwenden, ist er eine gesündere Option als das Braten mit Öl in Ihrem herkömmlichen Ofen oder die Verwendung von Konserven.

- Gerichte aus der Heißluftfritteuse sind eine einfache Möglichkeit, schmackhaftes Essen zu servieren, das nicht viel Platz einnimmt. In der Heißluftfritteuse können Sie dreimal so viel Essen zubereiten wie in Ihrer Mikrowelle.

- Luftfritteusen haben eine kleine Stellfläche und Sie können sie in einem Schrank verstauen, wenn sie nicht in Gebrauch sind.

-Sie sind vielseitige Küchengeräte. Sie können sie zum Kochen von Speisen zum Mittag- und Abendessen sowie für Snacks verwenden.

- Luftfritteusen erfordern wenig bis gar keine Aufregung in der Küche. Sie können sie mit aufgesetztem Deckel verwenden, was bedeutet, dass weniger Abwasch anfällt.

Fenchel & Spinat Quiche

 Grundrezept

Zubereitungszeit: 15 Minuten

Kochzeit: 10 Minuten

Portionen: 5

Zutaten:

1. oz. Fenchel, gehackt
2. 1 Tasse Spinat
3. Eier
4. ½ Tasse Mandelmehl
5. 1 Teelöffel Olivenöl
6. 1 Esslöffel Butter
7. 1 Teelöffel Salz
8. ¼ Tasse Schlagsahne

9   1 Teelöffel gemahlener schwarzer Pfeffer

Wegbeschreibung:

- Hacken Sie den Spinat und kombinieren Sie ihn mit dem gehackten Fenchel in einer großen Schüssel.
- Schlagen Sie das Ei in eine separate Schüssel und verquirlen Sie es.
- Verquirlen Sie die verquirlten Eier mit dem Mandelmehl, der Butter, dem Salz, der schweren Sahne und dem gemahlenen schwarzen Pfeffer.
- Zum Mischen verquirlen
- Heizen Sie die Heißluftfritteuse auf 360 F vor.
- Fetten Sie den Korbeinsatz der Luftfritteuse mit dem Olivenöl ein.
- Fügen Sie beide Mischungen hinzu.
- Die Quiche 18 Minuten lang kochen
- Lassen Sie die Quiche abkühlen.
- Nehmen Sie es aus der Fritteuse und schneiden Sie es in Portionen.

Ernährung:

Kalorien 209

Fett 16,1

Kohlenhydrate 7,4

Eiweiß 8,3

Zitronige Baby-Kartoffeln

Grundrezept

Zubereitungszeit: 10 Minuten

Kochzeit: 25 Minuten

Portionen: 6

Zutaten:

1. Esslöffel Olivenöl
2. Federn Rosmarin, gehackt
3. Esslöffel Petersilie, gehackt
4. Esslöffel Oregano, gehackt
5. Salz und schwarzer Pfeffer nach Geschmack
6. 1 Esslöffel Zitronenschale, gerieben
7. Knoblauchzehen, gehackt
8. Esslöffel Zitronensaft
9. Pfund Babykartoffeln

Wegbeschreibung:

- In einer Schüssel Babykartoffeln mit Öl, Rosmarin, Petersilie, Oregano, Salz, Pfeffer, Zitronenschale, Knoblauch und Zitronensaft vermischen, durchschwenken, in den Korb der Fritteuse geben und bei 356 Grad F 25 Minuten garen
- Kartoffeln auf Teller verteilen und als Beilage servieren.
- Viel Spaß!

Ernährung:

Kalorien 204

Fett 4

Kohlenhydrate 17

Eiweiß 6

Knuspriger indischer Wrap

Grundrezept

Zubereitungszeit: 20 Minuten

Kochzeit: 8 Minuten

Portionen: 4

Zutaten:

- Koriander Chutney
- 2¾ Tassen gewürfelte Kartoffel, gekocht, bis sie weich sind
- Teelöffel Öl (Kokosnuss, Sonnenblume oder Färberdistel)
- große Knoblauchzehen, gehackt oder gepresst
- 1½ Esslöffel frischer Limettensaft
- 1½ Teelöffel Kreuzkümmelpulver
- 1 Teelöffel Zwiebelgranulat

- 1 Teelöffel Korianderpulver
- ½ Teelöffel Meersalz
- ½ Teelöffel Kurkuma
- ¼ Teelöffel Cayennepfeffer
- große Mehltortillas, vorzugsweise aus Vollkorn oder gekeimt
- 1 Tasse gekochte Kichererbsen (Dosen sind gut), gespült und abgetrocknet
- ½ Tasse fein gehackter Kohl
- ¼ Tasse gehackte rote Zwiebel oder Frühlingszwiebel
- Speiseölspray (Sonnenblume, Färberdistel oder raffiniertes Kokosnussöl)

Wegbeschreibung:

1 Machen Sie das Koriander-Chutney und stellen Sie es beiseite.

2 In einer großen Schüssel die Kartoffeln mit einem Kartoffelstampfer oder einer großen Gabel gut zerdrücken. Fügen Sie Öl, Knoblauch, Limette, Kreuzkümmel, Zwiebel, Koriander, Salz, Kurkuma und Cayenne hinzu. Sehr gut umrühren, bis alles gut vermischt ist. Beiseite stellen.

3 Legen Sie die Tortillas flach auf der Arbeitsfläche aus. Verteilen Sie in der Mitte jeder Tortilla gleichmäßig die Kartoffelfüllung. Geben Sie etwas von den Kichererbsen, dem Kohl und den roten Zwiebeln auf jede Tortilla auf die Kartoffeln.

4   Besprühen Sie den Korb der Fritteuse mit Öl und
    stellen Sie ihn beiseite. Falten Sie die indischen Wraps,
    indem Sie die Unterseite der Tortillas nach oben und
    über die Füllung klappen, dann die Seiten einklappen
    und schließlich die Unterseite nach oben rollen, um im
    Wesentlichen einen geschlossenen Burrito zu bilden.

5   Legen Sie die Wraps mit der Nahtseite nach unten in
    den Korb der Fritteuse. Sie können sich ein wenig
    berühren, aber wenn sie zu dicht aneinander liegen,
    müssen Sie sie schubweise garen. 5 Minuten frittieren.
    Erneut mit Öl besprühen, umdrehen und weitere 2 bis
    3 Minuten garen, bis sie schön gebräunt und knusprig
    sind. Mit dem Koriander-Chutney garniert servieren.

Ernährung:

Kalorien 288

Fett 7g

Kohlenhydrate 50g

Eiweiß 9g

Pizza leicht gemacht

Grundrezept

Zubereitungszeit: 5 Minuten

Kochzeit: 10 Minuten

Portionen: 4

Zutaten:

- Speiseölspray (Kokosnuss-, Sonnenblumen- oder Distelöl)
- 1 Mehltortilla, vorzugsweise gekeimt oder Vollkorn
- ¼ Tasse vegane Pizza- oder Marinarasauce
- ⅓ Tasse geriebener veganer Mozzarella-Käse oder Cheesy Sauce
- Toppings nach Ihrer Wahl

Wegbeschreibung:

1. Besprühen Sie den Korb der Fritteuse mit Öl. Legen Sie die Tortilla in den Korb der Fritteuse. Wenn die Tortilla etwas größer als der Boden ist, kein Problem! Klappen Sie die Ränder einfach etwas hoch, um eine Art "Kruste" zu bilden.

2. Gießen Sie die Soße in die Mitte und verteilen Sie sie gleichmäßig um die Tortilla-"Kruste" herum (ich verwende dazu gerne die Rückseite eines Löffels).

3. Gleichmäßig mit veganem Käse bestreuen und die Beläge hinzufügen. Backen Sie es für 9 Minuten, oder bis es schön gebräunt ist. Vorsichtig herausnehmen, in vier Stücke schneiden und genießen.

Ernährung:

Kalorien 210

Fett 6g

Kohlenhydrate 33g

Eiweiß 5g

Aubergine Parmigiana

Grundrezept

Zubereitungszeit: 15 Minuten

Kochzeit: 40 Minuten

Portionen: 4

Zutaten:

1. 1 mittelgroße Aubergine (ca. 1 Pfund), in ½-Zoll-dicke Scheiben geschnitten
2. Esslöffel Tamari oder Shoyu
3. Esslöffel milchfreie Milch, klar und ungesüßt
4. 1 Tasse Kichererbsenmehl (siehe Substitutions-Tipp)
5. 1 Esslöffel getrocknetes Basilikum
6. 1 Esslöffel getrockneter Oregano
7. Teelöffel Knoblauchgranulat
8. Teelöffel Zwiebelgranulat
9. ½ Teelöffel Meersalz
10. ½ Teelöffel frisch gemahlener schwarzer Pfeffer
11. Speiseölspray (Sonnenblume, Färberdistel oder raffiniertes Kokosnussöl)
12. Vegane Marinara-Sauce (nach Wahl)
13. Geschredderter veganer Käse (vorzugsweise Mozzarella; siehe Zutatentipp)

Wegbeschreibung:

- Legen Sie die Auberginenscheiben in eine große Schüssel, und gießen Sie Tamari und Milch darüber. Wenden Sie die Stücke, um sie so gleichmäßig wie möglich mit den Flüssigkeiten zu überziehen. Beiseite stellen.

- Machen Sie die Beschichtung: Mehl, Basilikum, Oregano, Knoblauch, Zwiebel, Salz und Pfeffer in einer mittelgroßen Schüssel vermengen und gut umrühren. Beiseite stellen.

- Besprühen Sie den Korb der Luftfritteuse mit Öl und stellen Sie ihn beiseite.

- Rühren Sie die Auberginenscheiben erneut um und geben Sie sie auf einen Teller (stapeln ist gut). Verwerfen Sie die Flüssigkeit in der Schüssel nicht.

- Panieren Sie die Auberginen, indem Sie eine Auberginenrunde in der Mehlmischung schwenken. Tauchen Sie sie dann erneut in die Flüssigkeit. Verdoppeln Sie die Beschichtung, indem Sie die Aubergine erneut in die Mehlmischung geben und darauf achten, dass alle Seiten schön paniert sind. Legen Sie sie in den Frittierkorb.

- Wiederholen Sie den Vorgang mit genügend Auberginenrunden, um eine (größtenteils) einzelne Schicht im Korb der Fritteuse zu bilden. (Sie müssen sie schubweise garen, damit sich nicht zu viel überlappt und sie perfekt gart).

- Besprühen Sie die Oberseiten der Auberginen mit so viel Öl, dass Sie keine trockenen Stellen in der Beschichtung mehr sehen. Frittieren Sie für 8 Minuten. Nehmen Sie den Frittierkorb heraus und besprühen Sie die Oberseiten erneut. Drehen Sie die Auberginen um und achten Sie darauf, dass sie sich nicht zu sehr überlappen. Besprühen Sie die Oberseiten erneut mit Öl und achten Sie darauf, dass keine trockenen Flecken zurückbleiben. Weitere 8 Minuten frittieren oder bis sie schön gebräunt und knusprig sind.
- Wiederholen Sie die Schritte 5 bis 7 ein weiteres Mal, oder bis die gesamte Aubergine knusprig und gebräunt ist.
- Legen Sie zum Schluss die Hälfte der Auberginen in eine runde, 5 cm tiefe Backform und bedecken Sie sie mit Marinara-Soße und einem Klecks veganem Käse. Braten Sie die Auberginen 3 Minuten lang, oder bis die Sauce heiß und der Käse geschmolzen ist (achten Sie darauf, nicht zu lange zu kochen, da sonst die Auberginenränder verbrennen). Sofort servieren, pur oder über Nudeln. Andernfalls können Sie die Auberginen mehrere Tage im Kühlschrank aufbewahren und dann eine frische Charge zubereiten, wann immer Ihnen danach ist, indem Sie diesen Schritt wiederholen!

Ernährung:

Kalorien 217

Fett 9g

Kohlenhydrate 38g

Eiweiß 9g

Saftige faule Lasagne

Grundrezept

Zubereitungszeit: 15 Minuten

Kochzeit: 15 Minuten

Portionen: 4

Zutaten:

1. Unzen Lasagne-Nudeln, vorzugsweise auf Bohnenbasis, aber jede Sorte ist geeignet
2. 1 Esslöffel kaltgepresstes Olivenöl
3. Tassen zerkrümelter extra-fester Tofu, getrocknet und Wasser ausgepresst
4. Tassen lose verpackter frischer Spinat
5. Esslöffel Nährhefe
6. Esslöffel frischer Zitronensaft
7. 1 Teelöffel Zwiebelgranulat
8. 1 Teelöffel Meersalz
9. ⅛ Teelöffel frisch gemahlener schwarzer Pfeffer
10. große Knoblauchzehen, gehackt oder gepresst
11. Tassen vegane Nudelsauce, nach Wahl

12 ½ Tasse geschredderter veganer Käse (vorzugsweise Mozzarella)

Wegbeschreibung:

- Kochen Sie die Nudeln, bis sie etwas fester als al dente sind (sie werden etwas weicher, nachdem Sie sie in der Lasagne an der Luft gebraten haben). Trocknen Sie sie ab und stellen Sie sie beiseite.

- Während die Nudeln kochen, bereiten Sie die Füllung zu. Geben Sie das Olivenöl, den Tofu und den Spinat in eine große Pfanne bei mittlerer Hitze. Eine Minute unter Rühren anbraten, dann die Nährhefe, den Zitronensaft, die Zwiebel, das Salz, den Pfeffer und den Knoblauch hinzufügen. Gut umrühren und kochen, bis der Spinat schön verwelkt ist. Vom Herd nehmen.

- So machen Sie eine halbe Ladung (eine runde, 2 Zoll tiefe Backform) Lasagne: Verteilen Sie eine dünne Schicht Nudelsoße in der Auflaufform. Legen Sie 2 oder 3 Lasagne-Nudeln auf die Soße. Geben Sie etwas mehr Sauce und etwas von der Tofumischung darüber. Legen Sie weitere 2 oder 3 Nudeln darauf, und fügen Sie eine weitere Schicht Sauce und dann eine weitere Schicht Tofu hinzu. Mit einer Schicht Nudeln abschließen und dann eine letzte Schicht Sauce auftragen. Streuen Sie etwa die Hälfte des veganen Käses darüber (lassen Sie ihn weg, wenn Sie ihn bevorzugen; siehe den Zutatentipp von der Auberginen-Parmigiana). Stellen Sie die Pfanne in die Heißluftfritteuse und backen Sie sie 15 Minuten lang, oder bis die Nudeln an den Rändern braun werden und der Käse geschmolzen ist. Schneiden und servieren.

Ernährung:

Kalorien 317

Fett 8g

Kohlenhydrate 46g

Eiweiß 20g

Nudeln mit cremiger Blumenkohlsauce

Grundrezept

Zubereitungszeit: 10 Minuten

Kochzeit: 20 Minuten

Portionen: 4

Zutaten:

1   Tassen Blumenkohl-Röschen

2   Speiseölspray (Sonnenblumen,

3   Färberdistel, oder raffinierte Kokosnuss)

4   1 mittelgroße Zwiebel, gehackt

5   Unzen Nudeln, nach Wahl (ca. 4 Tassen gekocht;
    verwenden Sie glutenfreie Nudeln, falls gewünscht)

6   Frischer Schnittlauch oder Schalottenspitzen, zum
    Garnieren

7   ½ Tasse rohe Cashew-Stücke (siehe Zutatentipp)

8   1½ Tassen Wasser

9   1 Esslöffel Nährhefe

10 große Knoblauchzehen, geschält

11 Esslöffel frischer Zitronensaft

12 1½ Teelöffel Meersalz

13 ¼ Teelöffel frisch gemahlener schwarzer Pfeffer

Wegbeschreibung:

- Legen Sie den Blumenkohl in den Fritteusenkorb, besprühen Sie die Oberseiten mit Ölspray und rösten Sie ihn 8 Minuten lang. Nehmen Sie den Fritteusenkorb heraus, rühren Sie um und fügen Sie die Zwiebel hinzu. Erneut mit Öl besprühen und weitere 10 Minuten braten, oder bis der Blumenkohl gebräunt und die Zwiebeln weich sind.

- Während das Gemüse in der Heißluftfritteuse röstet, kochen Sie die Nudeln nach Packungsanweisung und hacken den Schnittlauch oder die Frühlingszwiebeln. Beiseite stellen.

- Geben Sie den gerösteten Blumenkohl und die Zwiebeln zusammen mit den Cashews, dem Wasser, der Nährhefe, dem Knoblauch, der Zitrone, dem Salz und dem Pfeffer in einen Mixbehälter. Gut pürieren, bis die Sauce sehr glatt und cremig ist. Servieren Sie eine großzügige Portion der Sauce auf den warmen Nudeln und garnieren Sie sie mit dem gehackten Schnittlauch oder den Frühlingszwiebeln. Die Sauce hält sich gekühlt in einem luftdichten Behälter etwa eine Woche lang.

Ernährung:

Kalorien 341

Fett 9g

Kohlenhydrate 51g

Eiweiß 14g

Zitronige Linsen mit "gebratenen" Zwiebeln

Grundrezept

Zubereitungszeit: 10 Minuten

Kochzeit: 30 Minuten

Portionen: 4

Zutaten:

1. 1 Tasse rote Linsen
2. Tassen Wasser
3. Speiseölspray (Kokosnuss-, Sonnenblumen- oder Distelöl)
4. 1 mittelgroße Zwiebel, geschält und in ¼-Zoll-dicke Ringe geschnitten
5. Meersalz
6. ½ Tasse Grünkohl, Stiele entfernt, in dünne Scheiben geschnitten
7. große Knoblauchzehen, gepresst oder gehackt
8. Esslöffel frischer Zitronensaft
9. Teelöffel Nährhefe
10. 1 Teelöffel Meersalz
11. 1 Teelöffel Zitronenschale (siehe Zutatentipp)
12. ¾ Teelöffel frisch gemahlener schwarzer Pfeffer

Wegbeschreibung:

- Bringen Sie die Linsen und das Wasser in einem mittelgroßen Topf bei mittlerer bis hoher Hitze zum Kochen.

- Reduzieren Sie die Hitze auf niedrig und köcheln Sie die Suppe zugedeckt etwa 30 Minuten lang (oder bis sich die Linsen vollständig aufgelöst haben). Achten Sie darauf, dass Sie während des Kochens etwa alle 5 Minuten umrühren (damit die Linsen nicht am Boden des Topfes kleben bleiben).

- Während die Linsen kochen, bereiten Sie den Rest des Gerichts zu.

- Sprühen Sie den Korb der Luftfritteuse mit Öl ein und legen Sie die Zwiebelringe hinein, wobei Sie sie so weit wie möglich voneinander trennen. Besprühen Sie sie mit dem Öl und bestreuen Sie sie mit ein wenig Salz. 5 Minuten lang frittieren.

- Den Frittierkorb herausnehmen, schütteln oder rühren, erneut mit Öl besprühen und weitere 5 Minuten frittieren.

- (Hinweis: Sie möchten, dass alle Zwiebelscheiben knusprig und gut gebräunt sind. Wenn also einige der Stücke anfangen, das zu tun, nehmen Sie sie aus dem Frittierkorb auf einen Teller).

- Nehmen Sie den Frittierkorb heraus, besprühen Sie die Zwiebeln erneut mit Öl und braten Sie sie weitere 5 Minuten oder bis alle Stücke knusprig und gebräunt sind.
- Zum Fertigstellen der Linsen: Fügen Sie den Grünkohl zu den heißen Linsen hinzu und rühren Sie sehr gut um, da die Hitze der Linsen das dünn geschnittene Grünzeug dämpfen wird.
- Rühren Sie den Knoblauch, den Zitronensaft, die Nährhefe, das Salz, die Schale und den Pfeffer ein.
- Sehr gut umrühren und dann gleichmäßig in Schüsseln verteilen. Mit den knusprigen Zwiebelringen garnieren und servieren.

Ernährung:

Kalorien 220

Fett 1g

Kohlenhydrate 39g

Eiweiß 15g

Unsere tägliche Bohne

Grundrezept

Zubereitungszeit: 5 Minuten

Kochzeit: 10 Minuten

Portionen: 4

Zutaten:

1. 1 (15-Unzen) Dose Pintobohnen, ausgetrocknet
2. ¼ Tasse Tomatensauce
3. Esslöffel Nährhefe
4. große Knoblauchzehen, gepresst oder gehackt
5. ½ Teelöffel getrockneter Oregano
6. ½ Teelöffel Kreuzkümmel
7. ¼ Teelöffel Meersalz
8. ⅛ Teelöffel frisch gemahlener schwarzer Pfeffer
9. Speiseölspray (Sonnenblume, Färberdistel oder raffiniertes Kokosnussöl)

Wegbeschreibung:

- Rühren Sie in einer mittelgroßen Schüssel die Bohnen, die Tomatensauce, die Nährhefe, den Knoblauch, den Oregano, den Kreuzkümmel, das Salz und den Pfeffer zusammen, bis alles gut vermischt ist.

- Sprühen Sie die runde, 2 Zoll tiefe Backform mit Öl ein und geben Sie die Bohnenmischung hinein. 4 Minuten backen. Herausnehmen, gut umrühren und weitere 4 Minuten backen, oder bis die Mischung eingedickt und durcherhitzt ist. Es wird sich wahrscheinlich eine kleine Kruste auf der Oberseite bilden und an einigen Stellen leicht gebräunt sein. Heiß servieren. In einem luftdichten Behälter gekühlt hält sich diese Mischung bis zu einer Woche.

Ernährung:

Kalorien 284

Fett 4g

Kohlenhydrate 47g

Eiweiß 20g

Taco-Salat mit cremiger Limetten-Sauce

Grundrezept

Zubereitungszeit: 10 Minuten

Kochzeit: 10 Minuten

Portionen: 4

Zutaten:

Für die Soße

1   1 (12,3 Unzen) Packung seidenfester Tofu

2   ¼ Tasse plus 1 Esslöffel frischer Limettensaft

3   Schale von 1 großen Limette (1 Teelöffel)

4   1½ Esslöffel Kokosblütenzucker

5   große Knoblauchzehen, geschält

6   1 Teelöffel Meersalz

7   ½ Teelöffel gemahlenes Chipotle-Pulver

Für den Salat

- Tassen Römersalat, zerkleinert (1 großer Kopf)
- 1 (15-Unzen-) Dose vegane gebratene Bohnen (oder ganze Pinto- oder schwarze Bohnen, wenn Sie es bevorzugen)
- 1 Tasse gehackter Rotkohl
- mittlere Tomaten, gewürfelt
- ½ Tasse gehackter Koriander
- ¼ Tasse gehackte Frühlingszwiebeln
- Doppelte Ladung Knoblauch-Limetten-Tortilla-Chips

Wegbeschreibung:

1 So stellen Sie die Sauce her
2 Trocknen Sie den Tofu ab (gießen Sie jegliche Flüssigkeit ab) und geben Sie ihn in einen Mixer.
3 Limettensaft und -schale, Kokosnusszucker, Knoblauch, Salz und Chipotle-Pulver hinzufügen. Pürieren, bis die Masse sehr glatt ist. Beiseite stellen.
4 So bereiten Sie den Salat zu
5 Verteilen Sie den Salat gleichmäßig auf drei große Schüsseln.
6 Erwärmen Sie die Bohnen in einer kleinen Pfanne bei mittlerer Hitze unter häufigem Rühren, bis sie heiß sind (dies sollte weniger als eine Minute dauern). Legen Sie sie auf den Salat.
7 Geben Sie die Bohnen mit dem Kohl, den Tomaten, dem Koriander und den Frühlingszwiebeln darüber.

---

8   Großzügig mit der Cremigen Limettensauce beträufeln und mit der doppelten Ladung luftgebackener Pommes frites servieren. Sofort genießen.

Ernährung:

Kalorien 422

Fett 7g

Kohlenhydrate 71g

Eiweiß 22g

BBQ Jackfruit Nachos

Grundrezept

Zubereitungszeit: 30 Minuten

Kochzeit: 20 Minuten

Portionen: 4

Zutaten:

- 1 (20-Unzen) Dose Jackfrucht, ausgetrocknet
- ⅓Tasse zubereitete vegane BBQ-Sauce
- ¼ Tasse Wasser
- Esslöffel Tamari oder Shoyu
- 1 Esslöffel frischer Zitronensaft
- große Knoblauchzehen, gepresst oder gehackt
- 1 Teelöffel Zwiebelgranulat
- ⅛ Teelöffel Cayennepulver
- ⅛ Teelöffel Flüssigrauch
- Doppelte Charge Knoblauch-Limetten-Tortilla-Chips
- 2½ Tassen vorbereitete Käsesauce
- mittelgroße Tomaten, gewürfelt
- ¾ Tasse Guacamole Ihrer Wahl
- ¾ Tasse gehackter Koriander
- ½ Tasse gehackte rote Zwiebel
- 1 Jalapeño, entkernt und in dünne Scheiben geschnitten (optional)

Wegbeschreibung:

1 Geben Sie die Jackfruit, BBQ-Sauce, Wasser, Tamari, Zitronensaft, Knoblauch, Zwiebelgranulat, Cayenne und Flüssigrauch in eine große Pfanne bei starker Hitze. Gut umrühren und die Jackfruit mit einem Spatel etwas auflockern.

2 Sobald die Mischung kocht, reduzieren Sie die Hitze auf niedrig. Unter häufigem Rühren (und Aufbrechen der Jackfruit beim Rühren) etwa 20 Minuten lang kochen, oder bis die gesamte Flüssigkeit aufgesogen wurde. Vom Herd nehmen und beiseite stellen.

3 Stellen Sie die Nachos zusammen: Die Chips auf drei Teller verteilen und dann gleichmäßig mit der Jackfruit-Mischung, der erwärmten Cheesy Sauce, Tomaten, Guacamole, Koriander, Zwiebel und Jalapeño (falls verwendet) belegen. Sofort genießen, denn durchweichte Chips sind tragisch.

Ernährung:

Kalorien 661

Fett 15g

Kohlenhydrate 124g

Eiweiß 22g

10-Minuten-Chimichanga

Grundrezept

Zubereitungszeit: 5 Minuten

Kochzeit: 10 Minuten

Portionen: 4

Zutaten:

- 1 Vollkorn-Tortilla
- ½ Tasse vegane gebratene Bohnen
- ¼ Tasse geriebener veganer Käse (optional)
- Speiseölspray (Sonnenblume, Färberdistel oder raffiniertes Kokosnussöl)
- ½ Tasse frische Salsa (oder Grüne Chili-Sauce)
- Tassen gehackter Römersalat (ca. ½ Kopf)
- Guacamole (wahlweise)
- Gehackter Koriander (wahlweise)
- Käsesoße (optional)

Wegbeschreibung:

1 Legen Sie die Tortilla auf eine flache Oberfläche und geben Sie die Bohnen in die Mitte. Bedecken Sie sie mit dem Käse, falls verwendet. Wickeln Sie den Boden über die Füllung und klappen Sie dann die Seiten ein. Rollen Sie das Ganze dann so auf, dass die Bohnen in der Tortilla eingeschlossen sind (Sie machen hier einen geschlossenen Burrito).

2 Sprühen Sie den Frittierkorb mit Öl ein, legen Sie die Tortillawickel mit der Nahtseite nach unten in den Korb und besprühen Sie die Oberseite der Chimichanga mit Öl. 5 Minuten frittieren. Die Oberseite (und die Seiten) erneut mit Öl besprühen, umdrehen und die andere Seite mit Öl besprühen. Weitere 2 bis 3 Minuten braten, bis sie schön gebräunt und knusprig sind.

3 Auf einen Teller übertragen. Mit der Salsa, dem Salat, der Guacamole, dem Koriander und/oder der Käsesoße (falls verwendet) belegen. Sofort servieren.

Ernährung:

Kalorien 317

Fett 6g

Kohlenhydrate 55g

Eiweiß 13g

Mexikanische gefüllte Kartoffeln

Zwischenrezept

Zubereitungszeit: 15 Minuten

Kochzeit: 40 Minuten

Portionen: 4

Zutaten:

- große Kartoffeln, jede Sorte (ich mag Yukon Gold oder Russets für dieses Gericht; siehe Kochtipp)
- Speiseölspray (Sonnenblume, Färberdistel oder raffiniertes Kokosnussöl)
- 1½ Tassen Käsesoße
- 1 Tasse schwarze oder Pintobohnen (Bohnen aus der Dose sind in Ordnung; achten Sie darauf, sie abzutrocknen und abzuspülen)
- mittlere Tomaten, gewürfelt
- 1 Frühlingszwiebel, fein gehackt
- ⅓ Tasse fein gehackter Koriander
- 1 Jalapeño, in feine Scheiben geschnitten oder gehackt (optional)
- 1 Avocado, gewürfelt (optional)

Wegbeschreibung:

1 Die Kartoffeln schrubben, mit einer Gabel einstechen und die Außenseiten mit Öl besprühen. In die Heißluftfritteuse legen (Platz dazwischen lassen, damit die Luft zirkulieren kann) und 30 Minuten lang backen

2 Während die Kartoffeln kochen, bereiten Sie die Käsesoße und weitere Zutaten vor. Beiseite stellen.

3 Prüfen Sie die Kartoffeln bei der 30-Minuten-Marke, indem Sie mit einer Gabel in die Kartoffeln stechen. Wenn sie sehr zart sind, sind sie gar. Wenn nicht, kochen Sie weiter, bis eine Gabel zeigt, dass sie gut durch sind. (Da die Größe der Kartoffeln variiert, variiert auch die Kochzeit - die durchschnittliche Kochzeit beträgt in der Regel etwa 40 Minuten).

4 Wenn die Kartoffeln fast gar sind, erwärmen Sie die Käsesoße und die Bohnen in separaten Pfannen.

5 Zum Zusammensetzen: Die Kartoffeln auf einen Teller legen und oben quer einschneiden. Brechen Sie sie dann mit einer Gabel auf - gerade so viel, dass alle Leckereien hineinpassen. Jede Kartoffel mit der Käsesoße, Bohnen, Tomaten, Frühlingszwiebeln, Koriander, Jalapeño und Avocado (falls vorhanden) belegen. Sofort genießen.

Ernährung:

Kalorien 420

Fett 5g

Kohlenhydrate 80g

Faser 17g

Eiweiß 15g

Kinder-Taquitos

Grundrezept

Zubereitungszeit: 5 Minuten

Kochzeit: 10 Minuten

Portionen: 4

Zutaten:

- Mais-Tortillas
- Speiseölspray (Kokosnuss-, Sonnenblumen- oder Distelöl)
- 1 (15-Unzen) Dose vegane gebratene Bohnen
- 1 Tasse geschredderter veganer Käse
- Guacamole (wahlweise)
- Käsesoße (optional)
- Vegane saure Sahne (optional)

- Frische Salsa (wahlweise)

Wegbeschreibung:

1   Wärmen Sie die Tortillas auf (damit sie nicht zerbrechen): Halten Sie sie kurz unter Wasser und legen Sie sie dann in einen mit Öl besprühten Korb der Heißluftfritteuse (sie können auch gestapelt werden). 1 Minute lang frittieren.

2   Nehmen Sie sie auf eine flache Oberfläche und legen Sie sie einzeln aus. Legen Sie eine gleiche Menge der Bohnen in einer Linie in der Mitte jeder Tortilla aus. Mit dem veganen Käse belegen.

3   Rollen Sie die Tortillas mit den Seiten nach oben über die Füllung und legen Sie sie mit der Nahtseite nach unten in den Frittierkorb (so werden sie versiegelt, damit die Tortillas nicht auffliegen). Geben Sie gerade so viel hinein, dass der Korb gefüllt ist, ohne dass sie sich zu sehr berühren (je nach Größe des Frittierkorbs müssen Sie eventuell eine weitere Charge machen).

4   Besprühen Sie die Oberseiten mit Öl. 7 Minuten frittieren oder bis die Tortillas goldbraun und leicht knusprig sind. Sofort mit dem gewünschten Belag servieren.

Ernährung:

Kalorien 286

Fett 9g

Kohlenhydrate 44g

Eiweiß 9g

Immunstärkendes gegrilltes Käsesandwich

Grundrezept

Zubereitungszeit: 5 Minuten

Kochzeit: 15 Minuten

Portionen: 4

Zutaten:

- Scheiben gekeimtes Vollkornbrot (oder ersetzen Sie ein glutenfreies Brot)
- 1 Teelöffel vegane Margarine oder geschmacksneutrales Öl (Sonnenblume, Färberdistel oder raffinierte Kokosnuss)
- Scheiben veganer Käse (Violife Cheddar oder Chao cremig original) oder Cheesy Sauce
- 1 Teelöffel mildes weißes Miso
- 1 mittelgroße Knoblauchzehe, gepresst oder fein gehackt
- Esslöffel fermentiertes Gemüse, Kimchi, oder Sauerkraut
- Römischer Salat oder grüner Blattsalat

Wegbeschreibung:

1   Bestreichen Sie die Außenseiten der Brote mit der veganen Margarine. Legen Sie den in Scheiben geschnittenen Käse hinein und schließen Sie das Sandwich wieder (gebutterte Seiten nach außen). Legen Sie das Sandwich in den Frittierkorb und frittieren Sie es 6 Minuten lang. Drehen Sie es um und frittieren Sie es weitere 6 Minuten oder bis es außen schön gebräunt und knusprig ist.

2   Übertragen Sie sie auf einen Teller. Öffnen Sie das Sandwich und verteilen Sie das Miso und die Knoblauchzehe gleichmäßig auf der Innenseite einer der Brotscheiben. Mit dem fermentierten Gemüse und dem Salat belegen, das Sandwich wieder verschließen, halbieren und sofort servieren.

Ernährung:

Kalorien 288

Fett 13g

Kohlenhydrate 34g

Eiweiß 8g

Tamale Pie mit Koriander-Kalk-Maismehlkruste

Grundrezept

Zubereitungszeit: 25 Minuten

Kochzeit: 20 Minuten

Portionen: 4

Zutaten:

Für die Füllung

- 1 mittelgroße Zucchini, gewürfelt (1¼ Tassen)
- Teelöffel geschmacksneutrales Öl (Sonnenblume, Färberdistel oder raffinierte Kokosnuss)
- 1 Tasse gekochte Pintobohnen, abgetrocknet
- 1 Tasse Tomatenwürfel aus der Dose (ungesalzen) mit Saft
- große Knoblauchzehen, gehackt oder gepresst
- 1 Esslöffel Kichererbsenmehl
- 1 Teelöffel getrockneter Oregano
- 1 Teelöffel Zwiebelgranulat
- ½ Teelöffel Salz
- ½ Teelöffel zerstoßene rote Chiliflocken
- Speiseölspray (Sonnenblume, Färberdistel oder raffiniertes Kokosnussöl)

Für die Kruste

- ½ Tasse gelbes Maismehl, fein gemahlen

- 1½ Tassen Wasser
- ½ Teelöffel Salz
- 1 Teelöffel Nährhefe
- 1 Teelöffel geschmacksneutrales Öl (Sonnenblume, Färberdistel oder raffinierte Kokosnuss)
- Esslöffel fein gehackter Koriander
- ½ Teelöffel Limettenschale

Wegbeschreibung:

1 So stellen Sie die Füllung her

2 Braten Sie die Zucchini und das Öl in einer großen Pfanne bei mittlerer Hitze 3 Minuten lang an oder bis die Zucchini anfängt, braun zu werden.

3 Geben Sie die Bohnen, Tomaten, Knoblauch, Mehl, Oregano, Zwiebel, Salz und Chiliflocken hinzu. Kochen Sie es bei mittlerer Hitze unter häufigem Rühren 5 Minuten lang, oder bis die Mischung eingedickt ist und keine Flüssigkeit mehr übrig bleibt. Nehmen Sie vom Herd.

4 Besprühen Sie eine runde, 2 Zoll tiefe Backform mit Öl und geben Sie die Mischung in den Boden. Die Oberseite glatt streichen und beiseite stellen.

5 So stellen Sie die Kruste her

6   Geben Sie das Maismehl, das Wasser und das Salz in einen mittelgroßen Topf bei starker Hitze. Rühren Sie ständig, während Sie die Mischung zum Kochen bringen. Sobald es kocht, reduzieren Sie die Hitze auf sehr niedrig. Fügen Sie die Nährhefe und das Öl hinzu und kochen Sie weiter, unter häufigem Rühren, für 10 Minuten oder bis die Mischung sehr dick und schwer zu schlagen ist. Nehmen Sie vom Herd.

7   Rühren Sie den Koriander und die Limettenschale unter die Maismehlmischung, bis sie gründlich vermischt ist. Verteilen Sie die Mischung mit einem Gummispatel gleichmäßig auf der Füllung in der Backform, sodass eine glatte Kruste entsteht. Legen Sie den Kuchen in den Korb der Fritteuse und backen Sie ihn 20 Minuten lang, oder bis die Oberseite goldbraun ist. Lassen Sie ihn 5 bis 10 Minuten abkühlen, schneiden Sie ihn dann und servieren Sie ihn.

Ernährung:

Kalorien 165

Fett 5g

Kohlenhydrate 26g

Eiweiß 6g

Aubergine mit Kräutern

Grundrezept

Zubereitungszeit: 15 Minuten

Kochzeit: 15 Minuten

Portionen: 2

Inhaltsstoffe

- ½ Teelöffel getrockneter Majoran, zerdrückt
- ½ Teelöffel getrockneter Oregano, zerdrückt
- ½ Teelöffel getrockneter Thymian, zerdrückt
- ½ Teelöffel Knoblauchpulver
- Salz und gemahlener schwarzer Pfeffer, je nach Bedarf
- 1 große Aubergine, gewürfelt

- Olivenöl-Kochspray

Wegbeschreibung:

1. Stellen Sie die Temperatur der Luftfritteuse auf 390 Grad F. Fetten Sie einen Luftfritteurkorb ein.

2. Mischen Sie in einer kleinen Schüssel Kräuter, Knoblauchpulver, Salz und schwarzen Pfeffer gut durch.

3. Die Auberginenwürfel gleichmäßig mit Kochspray besprühen und anschließend mit der Kräutermischung einreiben.

4. Legen Sie die Auberginenwürfel in einer einzigen Schicht in den vorbereiteten Fritteusenkorb.

5. Luftbraten für ca. 6 Minuten

6. Wenden und die Auberginenwürfel mit Kochspray besprühen.

7. Weitere 6 Minuten an der Luft braten

8. Wenden und die Auberginenwürfel erneut mit Kochspray besprühen.

9. Weitere 2-3 Minuten an der Luft braten

10. Aus der Fritteuse nehmen und die Auberginenwürfel auf Servierteller geben.

11. Heiß servieren.

Ernährung:

Kalorien 62

Kohlenhydrate 14,5g

Eiweiß 2,4g

Fett 0,5g

Gefüllte Auberginen mit Gewürzen

Grundrezept

Zubereitungszeit: 15 Minuten

Kochzeit: 12 Minuten

Portionen: 4

Inhaltsstoffe

- Teelöffel Olivenöl, geteilt
- ¾ Esslöffel trockenes Mangopulver
- ¾ Esslöffel gemahlener Koriander
- ½ Teelöffel gemahlener Kreuzkümmel
- ½ Teelöffel gemahlener Kurkuma
- ½ Teelöffel Knoblauchpulver
- Salz, nach Geschmack
- Baby-Auberginen

Wegbeschreibung:

1 Mischen Sie in einer kleinen Schüssel einen Teelöffel Öl und die Gewürze zusammen.

2 Machen Sie von der Unterseite jeder Aubergine 2 Schlitze, lassen Sie dabei die Stiele intakt.

3 Füllen Sie mit einem kleinen Löffel jeden Schlitz der Auberginen mit der Gewürzmischung.

4 Bestreichen Sie nun die Außenseite jeder Aubergine mit dem restlichen Öl.

5 Stellen Sie die Temperatur der Luftfritteuse auf 369 Grad F. Fetten Sie einen Luftfritierkorb ein.

6   Legen Sie die Auberginen in einer einzigen Schicht in
    den vorbereiteten Fritteusenkorb.

7   Etwa 8-12 Minuten an der Luft braten

8   Aus der Fritteuse nehmen und die Auberginen auf
    Servierteller geben.

9   Heiß servieren.

Ernährung:

Kalorien 317

Kohlenhydrate 65g

Eiweiß 10,9g

Fett 6.7g

Gefüllte Auberginen mit Salsa

Grundrezept

Zubereitungszeit: 15 Minuten

Kochzeit: 25 Minuten

Portionen: 2

Inhaltsstoffe

- 1 große Aubergine
- Teelöffel Olivenöl, geteilt
- Teelöffel frischer Zitronensaft, geteilt
- 8 Kirschtomaten, geviertelt
- 3 Esslöffel Tomatensalsa
- ½ Esslöffel frische Petersilie
- Salz und gemahlener schwarzer Pfeffer, je nach Bedarf

Wegbeschreibung:

1 Stellen Sie die Temperatur der Luftfritteuse auf 390 Grad F. Fetten Sie einen Luftfritteurkorb ein.

2 Legen Sie die Aubergine in den vorbereiteten Fritteusenkorb.

3 Etwa 15 Minuten an der Luft braten

4 Nehmen Sie die Aubergine aus der Fritteuse und halbieren Sie sie der Länge nach.

5 Beträufeln Sie die Auberginenhälften gleichmäßig mit einem Teelöffel Öl.

6 Stellen Sie nun die Temperatur der Luftfritteuse auf 355 Grad F. Fetten Sie den Korb der Luftfritteuse ein.

7 Legen Sie die Aubergine mit der Schnittseite nach oben in den vorbereiteten Frittierkorb.

8 Weitere 10 Minuten an der Luft braten

9 Aubergine aus der Fritteuse nehmen und ca. 5 Minuten beiseite stellen

10 Schöpfen Sie das Fruchtfleisch vorsichtig aus und lassen Sie dabei etwa ¼-Zoll vom Rand entfernt.

11 Beträufeln Sie die Auberginenhälften mit einem Teelöffel Zitronensaft.

12 Geben Sie das Auberginenfleisch in eine Schüssel.

13 Tomaten, Salsa, Petersilie, Salz, schwarzen Pfeffer, restliches Öl und Zitronensaft hinzufügen und gut mischen.

14 Füllen Sie die Auberginenhälften mit der Salsa-Mischung und servieren Sie sie.

Ernährung:

Kalorien 192

Kohlenhydrate 33,8g

Eiweiß 6,9g

Fett 6.1g

Sesamkörner Bok Choy

Grundrezept

Zubereitungszeit: 10 Minuten

Kochzeit: 6 Minuten

Portionen: 4

Inhaltsstoffe

- Bündel Baby-Bok Choy, Böden entfernt und Blätter abgetrennt
- Olivenöl-Kochspray
- 1 Teelöffel Knoblauchpulver
- 1 Teelöffel Sesamsamen

Wegbeschreibung:

1 Stellen Sie die Temperatur der Luftfritteuse auf 325 Grad F ein.

2 Legen Sie die Bok-Choi-Blätter in einer einzigen Schicht in den Fritteusenkorb.

3 Mit dem Kochspray besprühen und mit Knoblauchpulver bestreuen.

4 Ca. 5-6 Minuten an der Luft braten, alle 2 Minuten schütteln

5 Aus der Fritteuse nehmen und den Bok Choy auf Servierteller geben.

6 Mit Sesamsamen garnieren und heiß servieren.

Ernährung:

Kalorien 26

Kohlenhydrate 4g

Eiweiß 2,5g

Fett 0,7g

Basilikum-Tomaten

Grundrezept

Zubereitungszeit: 10 Minuten

Kochzeit: 10 Minuten

Portionen: 2

Zutaten:

- Tomaten, halbiert
- Olivenöl-Kochspray
- Salz und gemahlener schwarzer Pfeffer, je nach Bedarf
- 1 Esslöffel frisches Basilikum, gehackt

Wegbeschreibung:

1 Stellen Sie die Temperatur der Luftfritteuse auf 320 Grad F. Fetten Sie einen Luftfritteurkorb ein.

2 Sprühen Sie die Tomatenhälften gleichmäßig mit Kochspray ein und bestreuen Sie sie mit Salz, schwarzem Pfeffer und Basilikum.

3 Legen Sie die Tomatenhälften mit den Schnittseiten nach oben in den vorbereiteten Fritteusenkorb.

4 Braten Sie es ca. 10 Minuten lang an der Luft oder bis zum gewünschten Gargrad.

5 Aus der Fritteuse nehmen und die Tomaten auf Servierteller geben.

6 Warm servieren.

Ernährung:

Kalorien 22

Kohlenhydrate 4.8g

Eiweiß 1,1g

Fett 4.8g

Überladene Tomaten

Grundrezept

Zubereitungszeit: 15 Minuten

Zubereitungszeit: 22 Minuten

Portionen: 4

Zutaten:

- Tomaten
- 1 Teelöffel Olivenöl
- 1 Karotte, geschält und fein gehackt
- 1 Zwiebel, gehackt
- 1 Tasse gefrorene Erbsen, aufgetaut
- 1 Knoblauchzehe, gehackt
- Tassen kalter gekochter Reis

- 1 Esslöffel Sojasauce

Wegbeschreibung:

1. Schneiden Sie die Oberseite jeder Tomate ab und schöpfen Sie das Fruchtfleisch und die Kerne heraus. Erhitzen Sie das Öl in einer Pfanne bei schwacher Hitze und braten Sie die Karotte, die Zwiebel, den Knoblauch und die Erbsen für ca. 2 Minuten an

2. Die Sojasauce und den Reis einrühren und vom Herd nehmen. Stellen Sie die Temperatur der Heißluftfritteuse auf 355 Grad F. Fetten Sie einen Heißluftfritteurkorb ein.

3. Füllen Sie jede Tomate mit der Reismischung.

4. Legen Sie die Tomaten in den vorbereiteten Fritteusenkorb.

5. Etwa 20 Minuten an der Luft braten

6. Aus der Fritteuse nehmen und die Tomaten auf eine Servierplatte geben.

7. Stellen Sie sie zum leichten Abkühlen beiseite.

8. Warm servieren.

Ernährung:

Kalorien 421

Kohlenhydrate 89,1g

Eiweiß 10,5g

Fett 2.2g

Blumenkohl süß & pikant

Grundrezept

Zubereitungszeit: 15 Minuten

Kochzeit: 30 Minuten

Portionen: 4

Inhaltsstoffe

- 1 Kopf Blumenkohl, in Röschen geschnitten
- ¾ Tasse Zwiebel, in dünne Scheiben geschnitten
- Knoblauchzehen, feingeschnitten
- 1½ Esslöffel Sojasauce
- 1 Esslöffel scharfe Sauce
- 1 Esslöffel Reisessig
- 1 Teelöffel Kokosblütenzucker
- Prise rote Paprikaflocken
- Gemahlener schwarzer Pfeffer, nach Bedarf
- Frühlingszwiebeln, gehackt

Wegbeschreibung:

1 Stellen Sie die Temperatur der Fritteuse auf 350 Grad F. Fetten Sie eine Fritteusenpfanne ein. Verteilen Sie die Blumenkohlröschen in einer einzigen Schicht in der vorbereiteten Luftfritierpfanne.

2 Etwa 10 Minuten an der Luft braten

3 Aus der Fritteuse nehmen und die Zwiebeln einrühren.

4 Weitere 10 Minuten an der Luft braten

5   Aus der Fritteuse nehmen und den Knoblauch
    einrühren.

6   Weitere 5 Minuten an der Luft braten

7   Mischen Sie in der Zwischenzeit in einer Schüssel
    Sojasauce, scharfe Sauce, Essig, Kokosnusszucker, rote
    Pfefferflocken und schwarzen Pfeffer gut durch.

8   Aus der Fritteuse nehmen und die Soßenmischung
    einrühren.

9   Ca. 5 Minuten an der Luft braten

10 Aus der Fritteuse nehmen und die
    Blumenkohlmischung auf Servierteller geben. Mit
    Frühlingszwiebeln garnieren und servieren.

Ernährung:

Kalorien 72

Kohlenhydrate 13,8g

Eiweiß 3,6g

Fett 0,2g

Kräuterkartoffeln

Grundrezept

Zubereitungszeit: 10 Minuten

Kochzeit: 16 Minuten

Portionen: 4

Inhaltsstoffe

1   kleine Kartoffeln, zerkleinert

2   Esslöffel Olivenöl

3   Teelöffel gemischte getrocknete Kräuter

4   Salz und gemahlener schwarzer Pfeffer, je nach Bedarf

5   Esslöffel frische Petersilie, gehackt

Wegbeschreibung:

- Stellen Sie die Temperatur der Luftfritteuse auf 356 Grad F. Fetten Sie einen Korb der Luftfritteuse ein.
- Geben Sie die Kartoffeln, das Öl, die Kräuter, das Salz und den schwarzen Pfeffer in eine große Schüssel und schwenken Sie sie, bis sie gut bedeckt sind. Legen Sie die gehackten Kartoffeln in einer einzigen Schicht in den vorbereiteten Fritteusenkorb.
- Braten Sie es etwa 16 Minuten lang in der Luft, wobei Sie es nach der Hälfte der Zeit einmal durchschwenken.
- Aus der Fritteuse nehmen und die Kartoffeln auf Servierteller geben. Mit Petersilie garnieren und servieren.

Ernährung:

Kalorien 268

Kohlenhydrate 40.4g

Eiweiß 4,4g

Fett 10,8g

Pikante Kartoffeln

Grundrezept

Zubereitungszeit: 10 Minuten

Kochzeit: 20 Minuten

Portionen: 6

Inhaltsstoffe

1 1¾ Pfund festkochende Kartoffeln, geschält und gewürfelt

2 1 Esslöffel Olivenöl

3 ½ Teelöffel gemahlener Kreuzkümmel

4 ½ Teelöffel gemahlener Koriander

5 ½ Teelöffel Paprika

6 Salz und frisch gemahlener schwarzer Pfeffer, je nach Bedarf

Wegbeschreibung:

- Geben Sie die Kartoffeln in eine große Schüssel mit Wasser und stellen Sie sie für etwa 30 Minuten beiseite

- Trocknen Sie die Kartoffeln vollständig ab und trocknen Sie sie mit Papiertüchern.

- Geben Sie die Kartoffeln, das Öl und die Gewürze in eine Schüssel und schwenken Sie sie, bis sie gut bedeckt sind.

- Stellen Sie die Temperatur der Luftfritteuse auf 355 Grad F. Fetten Sie einen Luftfritierkorb ein.

- Legen Sie die Kartoffelstücke in einer einzigen Schicht in den vorbereiteten Fritteusenkorb.
- Etwa 20 Minuten an der Luft braten
- Aus der Fritteuse nehmen und die Kartoffelstücke auf Servierteller geben.
- Heiß servieren.

Ernährung:

Kalorien 113

Fett 2,5g

Kohlenhydrate 21g

Eiweiß 2,3g

Knusprige Grünkohl-Chips

Grundrezept

Zubereitungszeit: 5 Minuten

Kochzeit: 7 Minuten

Portionen: 3

Zutaten:

3 Tassen Grünkohlblätter, Stiele entfernt

1 Esslöffel Olivenöl

Salz und Pfeffer, nach Geschmack

Wegbeschreibung:

- Kombinieren Sie alle Zutaten in einer Schüssel. Schwenken Sie die Grünkohlblätter, um sie mit Öl, Salz und Pfeffer zu überziehen.

- Ordnen Sie die Grünkohlblätter auf dem doppellagigen Rost an und setzen Sie sie in die Heißluftfritteuse ein.

- Schließen Sie die Luftfritteuse und garen Sie 7 Minuten lang bei 370oF.

- Lassen Sie sie vor dem Servieren abkühlen.

Ernährung:

Kalorien 48

Kohlenhydrate 1,4g

Eiweiß 0,7g

Fett 4.8g

Gegrillter Büffel-Blumenkohl

Grundrezept

Zubereitungszeit: 5 Minuten

Kochzeit: 5 Minuten

Portionen: 1

Zutaten:

- 1 Tasse Blumenkohlröschen
- Speiseölspray
- Salz und Pfeffer, nach Geschmack
- ½ Tasse Büffel-Sauce

Wegbeschreibung

- Geben Sie die Blumenkohlröschen in eine Schüssel und besprühen Sie sie mit Speiseöl. Würzen Sie ihn mit Salz und Pfeffer.
- Zum Überziehen schwenken.
- Stellen Sie die Grillpfanne in die Heißluftfritteuse und geben Sie die Blumenkohlröschen hinein.
- Schließen Sie den Deckel und kochen Sie 5 Minuten lang bei 3900F.
- Sobald sie gekocht sind, in eine Schüssel geben und die Büffelsauce darüber gießen. Schwenken Sie sie zum Überziehen.

Ernährung:

Kalorien 25

Fett 0,1g

Kohlenhydrate 5,3g

Eiweiß 2g

Faux Fried Pickles

Grundrezept

Zubereitungszeit: 5 Minuten

Kochzeit: 5 Minuten

Portionen: 2

Zutaten:

1. 1 Tasse Gurkenscheiben
2. 1 Ei, verquirlt
3. ½ Tasse geriebener Parmesankäse
4. ½ Tasse Mandelmehl
5. ¼ Tasse Schweineschwarten, zerkleinert
6. Salz und Pfeffer, nach Geschmack

Wegbeschreibung

- Geben Sie die Essiggurken in eine Schüssel und gießen Sie das geschlagene Ei darüber. Lassen Sie es einweichen.
- Vermengen Sie in einer anderen Schüssel den Parmesan, das Mandelmehl, die Schweineschwarten, das Salz und den Pfeffer.
- Bestreuen Sie die Gurken mit der Parmesan-Käse-Mischung und legen Sie sie auf den doppelten Rost.
- Legen Sie den Rost mit den Gurken in die Fritteuse.
- Schließen Sie den Deckel und kochen Sie 5 Minuten lang bei 3900F.

Ernährung:

Kalorien 664

Kohlenhydrate 17,9g

Eiweiß 42g

Fett 49,9g

Tollste grüne Bohnen

Grundrezept

Zubereitungszeit: 5 Minuten

Kochzeit: 5 Minuten

Portionen: 2

Zutaten:

1. 1 Tasse grüne Bohnen, geputzt
2. ½ Teelöffel Öl
3. Salz und Pfeffer, nach Geschmack

Wegbeschreibung

- Geben Sie die grünen Bohnen in eine Schüssel und fügen Sie Öl, Salz und Pfeffer hinzu.
- Schwenken Sie die Bohnen, um sie zu beschichten.
- Legen Sie die Grillpfanne in die Heißluftfritteuse und geben Sie die grünen Bohnen in einer einzigen Schicht hinein.
- Schließen Sie den Deckel und kochen Sie 5 Minuten lang bei 3900F.

Ernährung

Kalorien 54

Fett 2,5g

Kohlenhydrate 7.7g

Eiweiß 2g

Sommer Gegrillter Mais

Grundrezept

Zubereitungszeit: 5 Minuten

Kochzeit: 10 Minuten

Portionen: 2

Zutaten:

1. Maiskolben, der Breite nach halbiert
2. ½ Teelöffel Öl
3. Salz und Pfeffer, nach Geschmack

Wegbeschreibung:

- Die Maiskolben mit Öl bestreichen und mit Salz und Pfeffer würzen.
- Setzen Sie das Grillpfannenzubehör in die Heißluftfritteuse ein.
- Legen Sie die Maiskolben auf die Grillpfanne.
- Schließen Sie den Deckel und kochen Sie 3 Minuten lang bei 390oF.
- Öffnen Sie die Luftfritteuse und drehen Sie die Maiskolben.
- Weitere 3 Minuten bei gleicher Temperatur kochen.

Ernährung:

Kalorien 173

Kohlenhydrate 29g

Eiweiß 4,5 g

Fett 4,5g

Käsiger Bohnenauflauf

Grundrezept

Zubereitungszeit: 5 Minuten

Zubereitungszeit: 55 Minuten

Portionen: 6

Zutaten:

1. Esslöffel natives Olivenöl extra
2. ½ Teelöffel schwarzer Pfeffer
3. 1 1/3 Tassen Mozzarella grob gerieben
4. 1 1/2 Teelöffel Knoblauch, in Scheiben geschnitten
5. Esslöffel Tomatenmark
6. 1 1/3 Tassen getrocknete Bohnen
7. ½ Teelöffel koscheres Salz

Wegbeschreibung:

- Bohnen mit 4 Tassen Wasser 25 Minuten lang auf hoher Stufe kochen. Bohnen mit Öl anbraten.
- Knoblauch hinzufügen und 1 Minute lang kochen. Bohnen, Tomatenmark, Wasser, eine Prise Salz und Pfeffer hinzugeben.
- Mit Käse belegen.
- Drücken Sie den Deckel der Heißluftfritteuse für 7 Minuten auf Broil. Mit getoastetem Brot oder Nacho-Chips servieren

Ernährung:

Kalorien 761 kcal

Fett 28 g

Kohlenhydrate 54 g

Eiweiß 45 g

Barbacoa-Rindfleisch

Grundrezept

Zubereitungszeit: 15 Minuten

Kochzeit: 1Stunde und 20 Minuten

Portionen: 10

Zutaten:

1   2/3 Tasse Bier

2   Knoblauchzehen

3   Chipotles in Adobosauce

4   1 Teelöffel schwarzer Pfeffer

5   1/4 Teelöffel gemahlene Nelken

6   1 Esslöffel Olivenöl

7   3 Pfund Rinderhackbraten, 2-Zoll-Stücke

8   Lorbeerblätter

9   1 Zwiebel, gehackt

10 oz. gehackte grüne Chilis

11 1/4 Tasse Limettensaft

12 Esslöffel Apfelessig

13 1 Esslöffel gemahlener Kreuzkümmel

14 1 Esslöffel getrockneter mexikanischer Oregano

15 Teelöffel Salz

Wegbeschreibung:

- Pürieren Sie Bier, Knoblauch, Chipotles, Zwiebel, grüne Chilis, Limettensaft, Essig und Gewürze.

- Braten in Öl anbraten.

- Fügen Sie die Lorbeerblätter und die pürierte Sauce hinzu.

- 60 Minuten lang auf Hochdruck kochen

- Entsorgen Sie die Blätter.

- Rindfleisch zerkleinern und mit der Sauce servieren.

Ernährung:

Kalorien 520 kcal

Fett 23g

Kohlenhydrate 56 g

Eiweiß 31g

Ahorngeräucherte Rinderbrust

Grundrezept

Zubereitungszeit: 15 Minuten

Kochzeit: 1Stunde und 20 Minuten

Portionen: 4

Zutaten:

- lb. Rinderbrust
- Esslöffel Ahornzucker
- c. Knochenbrühe oder Brühe nach Wahl
- 1 Esslöffel Flüssigrauch
- frische Thymianzweige
- Teelöffel geräuchertes Meersalz
- 1 Teelöffel schwarzer Pfeffer
- 1 Teelöffel Senfpulver
- 1 Teelöffel Zwiebelpulver
- ½ Teelöffel geräucherter Paprika

Wegbeschreibung:

1. Bestreichen Sie das Bruststück mit allen Gewürzen und dem Zucker.
2. Rinderbrust in Öl 3 Minuten anbraten
3. Brühe, Flüssigrauch und Thymian in die Fritteuse geben und abdecken.
4. 50 Minuten bei hohem Druck kochen
5. Brisket entfernen.
6. Sauce 10 Minuten köcheln lassen

7   Servieren Sie die in Scheiben geschnittene Rinderbrust mit beliebigem aufgeschlagenem Gemüse und Sauce.

Ernährung:

Kalorien 1671 kcal

Fett 43g

Kohlenhydrate 98 g

Eiweiß 56g

Philly Cheesesteak Sandwiches

Grundrezept

Zubereitungszeit: 5 Minuten

Kochzeit: 30 Minuten

Portionen: 8

Zutaten:

1   3 Pfund Rinderfiletsteak, in Scheiben geschnitten
2   Zwiebeln, in Juliennestücke geschnitten
3   1 Dose kondensierte französische Zwiebelsuppe, unverdünnt
4   Knoblauchzehen, gehackt
5   1 Packung italienische Salatsaucenmischung
6   Teelöffel Rindfleischbasis
7   1/2 Teelöffel Pfeffer

8   große rote Paprika, in Juliennestücke geschnitten

9   1/2 Tasse eingelegte Paprikaringe

10 Hoagie-Brötchen, geteilt

11 Scheiben Provolone-Käse

Wegbeschreibung:

- Kombinieren Sie die ersten 7 Zutaten im Schnellkochtopf. Stellen Sie den Druck ein - kochen Sie 10 Minuten lang auf hoher Stufe. Paprika und Paprikaringe hinzufügen. 5 Minuten lang auf hoher Stufe druckkochen.

- Rindfleisch, Käse und Gemüse auf die Brötchenböden geben. 1-2 Minuten grillen und servieren.

Ernährung:

Kalorien 4852 kcal

Fett 67g

Kohlenhydrate 360 g

Eiweiß 86g

Schmorbraten und Kartoffeln

Grundrezept

Zubereitungszeit: 15 Minuten

Zubereitungszeit: 1 Stunde und 15 Minuten

Portionen: 8

Zutaten:

1. Esslöffel Allzweckmehl
2. 1 Esslöffel koscheres Salz
3. lb. Chuck Braten
4. 1 Esslöffel schwarzer Pfeffer
5. c. natriumarme Rinderbrühe
6. 1/2 c. Rotwein
7. 1 lb. Baby-Kartoffeln, halbiert
8. 1 Esslöffel Worcestershire-Sauce
9. Möhren, in Scheiben geschnitten
10. 1 Zwiebel, gehackt
11. 1 Esslöffel natives Olivenöl extra
12. Knoblauchzehen, gehackt
13. 1 Teelöffel Thymian, gehackt
14. Teelöffel Rosmarin, gehackt
15. Esslöffel Tomatenmark

Wegbeschreibung:

- Chuck Braten mit Pfeffer und Salz bestreuen.
- Braten Sie das Rindfleisch 5 Minuten lang auf jeder Seite an und stellen Sie es dann beiseite.

- Zwiebel für 5 Minuten kochen
- Kräuter, Knoblauch und Tomatenmark hinzufügen und 1 Minute lang kochen.
- Vier und Wein hinzufügen und 2 Minuten kochen
- Worcestershire-Sauce, Brühe, Karotten, Kartoffeln, Salz und Pfeffer hinzufügen.
- Rindfleisch auf die Mischung legen
- Eine Stunde lang unter hohem Druck kochen und servieren.

Ernährung:

Kalorien 3274 kcal

Fett 42 g

Kohlenhydrate 286 g

Eiweiß 78 g

Butterhähnchen

Zwischenrezept

Zubereitungszeit: 10 Minuten

Kochzeit: 1Stunde und 10 Minuten

Portionen: 6

Zutaten:

1 1 Esslöffel Pflanzenöl

2 1 Esslöffel Butter

3 1 Zwiebel, gewürfelt

4 Teelöffel geriebener Ingwer

5 1 Teelöffel gemahlener Kreuzkümmel

6 1/2 Teelöffel Kurkuma

7 1/ 2 Teelöffel koscheres Salz

8 ½ Teelöffel schwarzer Pfeffer

9   3/4 c. schwere Sahne

10 Knoblauchzehen, gehackt

11 oz. Tomatenmark

12 lb. entbeinte Hähnchenschenkel, 1" Stücke

13 1 Esslöffel Garam Masala

14 1 Teelöffel Paprika

15 1 Esslöffel Zucker

Wegbeschreibung:

- Sautieren Sie die Zwiebel, den Ingwer und den Knoblauch in Öl und Butter

- Tomatenmark hinzufügen und 3 Minuten kochen

- Geben Sie ½ Tasse Wasser, das Huhn und die Gewürze in den Topf.

- 5 Minuten lang auf hoher Stufe druckkochen

- Schwere Sahne hinzufügen.

- Mit Reis, Naan, Joghurt und Koriander servieren.

Ernährung:

Kalorien 3841

Fett 100g

Kohlenhydrate 244g

Eiweiß 150g

Curry-Hühnchen-Frikadellen-Wraps

Grundrezept

Zubereitungszeit: 5 Minuten

Kochzeit: 15 Minuten

Portionen: 12

Zutaten:

1. 1 Ei, verquirlt
2. 1 Zwiebel, gehackt
3. 1/2 Tasse Rice Krispies
4. 1/4 Tasse goldene Rosinen
5. 1/4 Tasse gehackter Koriander
6. Teelöffel Currypulver
7. 1/2 Teelöffel Salz
8. Boston Kopfsalatblätter
9. 1 Karotte, geraspelt
10. 1/2 Tasse gehackte gesalzene Erdnüsse
11. 1 Pfund mageres Hühnerfleisch
12. Esslöffel Olivenöl
13. 1 Tasse Naturjoghurt

Wegbeschreibung:

- Mischen Sie die ersten 7 Zutaten.
- Formen Sie die Mischung zu 24 Kugeln.
- Frikadellen mit Öl auf mittlerer Stufe anbraten
- Wasser in den Topf geben.

- Legen Sie die Fleischbällchen auf den Untersetzer in den Schnellkochtopf.
- 7 Minuten lang auf hoher Stufe druckkochen
- Mischen Sie Joghurt und Koriander.
- 2 Teelöffel Sauce und 1 Frikadelle in jedes Salatblatt geben; mit den restlichen Zutaten belegen und servieren.

Ernährung:

Kalorien 2525

Fett 80g

Kohlenhydrate 225g

Eiweiß 120g

Fall-Off-The-Bone-Huhn

Zwischenrezept

Zubereitungszeit: 10 Minuten

Kochzeit: 1Stunde und 10 Minuten

Portionen: 4

Zutaten:

1. 1 Esslöffel verpackter brauner Zucker
2. 1 Esslöffel Chilipulver
3. 1 Esslöffel geräucherter Paprika
4. 1 Teelöffel gehackte Thymianblätter
5. ¼ Esslöffel koscheres Salz
6. ¼ Esslöffel schwarzer Pfeffer
7. 1 ganzes kleines Huhn
8. 1 Esslöffel natives Olivenöl extra
9. 2/3 c. natriumarme Hühnerbrühe
10. Esslöffel gehackte Petersilie

Wegbeschreibung:

- Hähnchen mit braunem Zucker, Chilipulver, Zucker, Pfeffer, Paprika und Thymian bestreichen.
- Hähnchen in Öl 3-4 Minuten anbraten.
- Gießen Sie die Brühe in den Topf.
- Druckkochen auf hoher Stufe für 25 Minuten
- Das geschnittene Hähnchen mit Petersilie garnieren und servieren.

Ernährung:

Kalorien 1212

Fett 10g

Kohlenhydrate 31g

Eiweiß 15g

Weißes Huhn Chili

Grundrezept

Zubereitungszeit: 5 Minuten

Kochzeit: 30 Minuten

Portionen: 6

Zutaten:

1. 1 Esslöffel Pflanzenöl
2. 1 rote Paprika, gewürfelt
    a. oz. kondensierte Hühnercremesuppe
3. Esslöffel geschredderter Cheddar-Käse
4. Frühlingszwiebeln, in Scheiben geschnitten
5. 1 Tasse Kernelmais
6. 1 Esslöffel Chilipulver

7 oz. (2) Hähnchenbrust ohne Knochen, ohne Haut

8 oz. weiße Cannellini-Bohnen

9 1 Tasse Chunky Salsa

Wegbeschreibung:

- Paprika, Mais und Chilipulver 2 Minuten in Öl anbraten

- Hähnchen mit Salz und Pfeffer würzen.

- Schichten Sie die Bohnen, die Salsa, das Wasser, das Huhn und die Suppe über die Maismischung.

- Druckkochen auf hoher Stufe für 4 Minuten

- Hähnchen zerkleinern und zurück in den Topf geben.

- Mit Käse und Frühlingszwiebeln bestreut servieren.

Ernährung:

Kalorien 1848

Fett 70g

Kohlenhydrate 204g

Eiweiß 90g

Kokosnuss-Curry-Gemüse-Reis-Schalen

Grundrezept

Zubereitungszeit: 5 Minuten

Kochzeit: 40Minuten

Portionen: 6

Zutaten:

1 2/3 Tasse ungekochter brauner Reis

2 1 Teelöffel Currypulver

3 3/4 Teelöffel Salz geteilt

4 1 Tasse gehackte grüne Zwiebel

5 1 Tasse geschnittene rote Paprika

6 1 Esslöffel geriebener Ingwer

7 1 1/2 Esslöffel Zucker

8 1 Tasse Streichholz-Möhren

9 1 Tasse gehackter Rotkohl

10 oz. geschnittene Wasserkastanien

11 oz. Kichererbsen ohne Salzzusatz

12 Unzen Kokosnussmilch

Wegbeschreibung:

- Reis, Wasser, Currypulver und 1/4 Teelöffel Salz in den Airfryer geben. 15 Minuten lang druckgaren. 2 Minuten anbraten und servieren.

Ernährung:

Kalorien 1530

Fett 110g

Kohlenhydrate 250g

Eiweiß 80g

Eierrolle in der Schüssel

Grundrezept

Zubereitungszeit: 5 Minuten

Kochzeit: 20 Minuten

Portionen: 4

Zutaten:

1. 1/3 Tasse natriumarme Sojasauce
2. Esslöffel Sesamöl
3. 1 Tasse streichholzförmig geschnittene Möhren
4. 1 Bund Frühlingszwiebeln, in Scheiben geschnitten
5. Beutel Krautsalatmischung
6. 1 Pfund gemahlenes Huhn
7. Esslöffel Sesamsamen
8. Knoblauchzehen, gehackt
9. oz. Shiitake-Pilze, in Scheiben geschnitten
10. 1 1/2 Tassen Hühnerbrühe

Wegbeschreibung:

- Geben Sie Sesamöl, gemahlenes Hühnerfleisch, Sojasauce, Knoblauch, Hühnerbrühe und Pilze in den Airfryer.
- Kochen Sie 2 Minuten lang auf Hochdruck.
- Krautsalatmischung und Karotten untermischen.
- 5 Minuten ruhen lassen
- Mit Sesamsamen und Frühlingszwiebeln servieren.

Ernährung:

Kalorien 3451

Fett 130g

Kohlenhydrate 301g

Eiweiß 150g

Frittata provenzalisch

Grundrezept

Zubereitungszeit: 5 Minuten

Kochzeit: 45 Minuten

Portionen: 6

Zutaten:

1 Eier

2 1 Teelöffel gehackter Thymian

3 1 Teelöffel scharfe Pfeffersauce

4 1/2 Teelöffel Salz

5 1/4 Teelöffel Pfeffer

6 Unzen Ziegenkäse, geteilt

7 1/2 Tasse gehackte sonnengetrocknete Tomaten

8   1 Esslöffel Olivenöl

9   1 Kartoffel, geschält und in Scheiben geschnitten

10 1 Zwiebel, in Scheiben geschnitten

11 1/2 Teelöffel geräucherter Paprika

Wegbeschreibung:

- Kartoffel, Paprika und Zwiebel in Öl 5-7 Minuten anbraten

- Übertragen Sie die Kartoffelmischung in eine gefettete Auflaufform.

- Gießen Sie die ersten 6 Zutaten über die Kartoffelmischung.

- Backform mit Folie abdecken.

- Wasser und Untersetzer in den Topf geben.

- Verwenden Sie eine Folienschlinge, um die Schale auf den Untersetzer zu senken.

- Stellen Sie den Druck ein, kochen Sie 35 Minuten lang auf höchster Stufe und servieren Sie.

Ernährung:

Kalorien 2554

Fett 70g

Kohlenhydrate 190g

Eiweiß 80g

Ramekin-Eier

Grundrezept

Zubereitungszeit: 2 Minuten

Kochzeit: 3Minuten

Portionen: 2

Zutaten:

1. 1 Esslöffel Ghee, plus mehr zum Einfetten
2. Tassen Champignons, gehackt
3. ¼ Teelöffel Salz
4. 1 Esslöffel Schnittlauch, gehackt
5. Eier
6. Esslöffel schwere Sahne

Wegbeschreibung:

- Champignons mit Ghee und Salz anbraten, bis sie weich sind.
- Champignons in gefettete Auflaufformen geben.
- Schnittlauch, Ei und Sahne hinzufügen.
- Geben Sie Wasser, Untersetzer und Auflaufformen in den Topf.
- Druckkochen auf niedriger Stufe für 1-2 Minuten
- Mit frisch getoastetem Brot servieren.

Ernährung:

Kalorien 703

Fett 5g

Kohlenhydrate 20g

Eiweiß 7g

Osterschinken

Grundrezept

Zubereitungszeit: 5 Minuten

Kochzeit: 15 Minuten

Portionen: 8

Zutaten:

1 1/2 c. Orangenmarmelade

2 ¼ Teelöffel schwarzer Pfeffer

3 1 (4-6 lb.) vollständig gekochter, spiralförmiger, nicht entbeinter Schinken

4 1/4 c. brauner Zucker

5 1/4 c. Orangensaft

6 Esslöffel Dijon-Senf

Wegbeschreibung:

- Mischen Sie Marmelade, braunen Zucker, Orangensaft, Dijon und schwarzen Pfeffer.
- Schinken mit Glasur bestreichen.
- 15 Minuten auf Fleisch kochen
- Servieren Sie den Schinken mit mehr Glasur aus dem Topf.

Ernährung:

Kalorien 3877

Fett 80g

Kohlenhydrate 207g

Eiweiß 100g

Koreanische Lammkoteletts

Zwischenrezept

Zubereitungszeit: 10 Minuten

Kochzeit: 50Minuten

Portionen: 6

Zutaten:

1   lbs. Lammkoteletts
2   1/2 Teelöffel rotes Paprikapulver
3   Esslöffel Kristallzucker
4   1 Esslöffel Currypulver
5   1/2 Esslöffel Sojasauce
6   Esslöffel Reiswein
7   Esslöffel Knoblauch, gehackt
8   1 Teelöffel Ingwer, gehackt
9   Lorbeerblätter
10 1 Tasse Karotten, gewürfelt
11 Tassen Zwiebeln, gewürfelt
12 1 Tasse Staudensellerie, gewürfelt
13 Esslöffel koreanische rote Paprikapaste

14 Esslöffel Ketchup

15 Esslöffel Maissirup

16 1/2 Esslöffel Sesamöl

17 1/2 Teelöffel Zimtpulver

18 1 Teelöffel Sesamsamen

19 1 Teelöffel schwarzer Pfeffer

20 1/3 Tasse asiatische Birne gemahlen

21 1/3 Tasse Zwiebelpulver

22 1/2 Esslöffel Grüner Pflaumenextrakt

23 1 Tasse Rotwein

Wegbeschreibung:

- Geben Sie alle Zutaten außer Koriander und Frühlingszwiebeln in die Heißluftfritteuse.
- Druckkochen für 20 Minuten
- Sautieren, bis die Sauce eingedickt ist.
- Wasser und Lammfleisch auf Untersetzer in den Topf geben.
- 5 Minuten bei 400°F grillen
- Mit gehacktem Koriander und Frühlingszwiebeln servieren.

Ernährung:

Kalorien 2728

Fett 220g

Kohlenhydrate 551g

Eiweiß 250g

Air Fryer Huhn Kabobs

Grundrezept

Zubereitungszeit: 15 Minuten

Kochzeit: 15 Minuten

Portionen: 2

Zutaten:

1   Hühnerbrüste, gewürfelt
2   Champignons halbiert
3   ⅓ Tasse Honig
4   ⅓ Tasse Sojasauce -
5   1 Teelöffel Pfeffer, zerstoßen
6   1 Teelöffel Sesamsamen

7   Paprikaschoten, in verschiedenen Farben

8   Speiseölspray nach Bedarf

Wegbeschreibung:

- Die Hähnchenbrüste in kleine Würfel schneiden, waschen und trocken tupfen. Das Hähnchen mit wenig Pfeffer und Salz einreiben. Besprühen Sie es mit etwas Öl. In einer kleinen Schüssel Honig und Sojasauce gründlich vermischen.

- Geben Sie die Sesamsamen in die Mischung. Hähnchen, Paprika und Champignons auf die Spieße stecken.

- Stellen Sie die Luftfritteuse auf 170 Grad Celsius ein und heizen Sie sie vor.

- Beträufeln Sie die Spieße mit der Honig-Sojasoßen-Mischung.

- Legen Sie alle aufgespießten Hähnchen-Spieße in den Korb der Luftfritteuse und garen Sie sie 20 Minuten lang

- Drehen Sie den Spieß zwischendurch immer wieder.

- Heiß servieren.

Ernährung:

Kalorien 392

Fett 5g

Kohlenhydrate 65.4g

Eiweiß 6,7g

Gebratener Hühnerreis in der Heißluftfritteuse

Grundrezept

Zubereitungszeit: 20 Minuten

Kochzeit: 20 Minuten

Portionen: 4

Zutaten:

1. Tassen gekochter kalter weißer Reis
2. 1 Tasse Huhn gekocht & gewürfelt
3. 1 Tasse Karotten und Erbsen, gefroren
4. 1 Esslöffel Pflanzenöl
5. 1 Esslöffel Sojasauce
6. ½ Tasse Zwiebel
7. ¼ Teelöffel Salz

Wegbeschreibung:

- Geben Sie den gekochten kalten Reis in eine große Schüssel.
- Sojasauce und Pflanzenöl einrühren.
- Nun die gefrorenen Karotten und Erbsen, das gewürfelte Hühnerfleisch, die gewürfelte Zwiebel und das Salz hinzugeben und vermengen.
- Geben Sie die Reismischung in die Mischung.

- Nehmen Sie eine antihaftbeschichtete Pfanne, die Sie bequem in die Heißluftfritteuse stellen können, und geben Sie die komplette Reismischung in die Pfanne.
- Setzen Sie die Pfanne in die Heißluftfritteuse ein.
- Stellen Sie die Temperatur auf 180 Grad Celsius und den Timer auf 20 Minuten ein
- Entfernen Sie die Pfanne nach Ablauf der eingestellten Zeit.
- Heiß servieren.

Ernährung:

Kalorien 618

Fett 5.5g

Kohlenhydrate 116,5g

Eiweiß 21,5g

Luftgebratenes Hähnchen Tikkas

Grundrezept

Zubereitungszeit: 10 Minuten

Kochzeit: 15 Minuten

Portionen: 4

Zutaten:

Für die Marinade:

1 1¼ Pfund Huhn, Knochen in kleine Happen geschnitten
2 ¼ Pfund Kirschtomaten
3 1 Tasse Joghurt
4 1 Esslöffel Ingwer-Knoblauch-Paste (frisch)
5 Paprikaschoten, 1" Schnittgröße
6 Esslöffel Chilipulver
7 Esslöffel Kreuzkümmelpulver
8 1 Esslöffel Kurkumapulver
9 Esslöffel Korianderpulver
10 1 Teelöffel Garam-Masala-Pulver
11 Teelöffel Olivenöl
12 Salz: nach Geschmack

Zum Garnieren:

- 1 Zitrone, halbiert
- ⅓ Tasse Koriander, frisch, gehackt
- 1 mittelgroße Zwiebel, in dünne Scheiben geschnitten

- Minzblätter, frisch: wenige

1 **Wegbeschreibung:**

2 Mischen Sie in einer großen Schüssel alle Zutaten der Marinade und bestreichen Sie die Hähnchenteile damit gründlich.

3 Decken Sie die Schüssel ab und stellen Sie sie für mindestens 2 Stunden beiseite. Wenn Sie die Schüssel über Nacht in den Kühlschrank stellen können, wird die Marinade besser durchziehen.

4 Fädeln Sie das Hähnchen abwechselnd mit Paprika und Tomaten auf die Spieße.

5 Heizen Sie Ihre Heißluftfritteuse auf 200 Grad Celsius vor.

6 Legen Sie eine Alufolie auf den Frittierkorb und legen Sie die Spieße darauf.

7 Stellen Sie den Timer auf 15 Minuten und grillen Sie es.

8 Drehen Sie den Spieß zwischendurch, um ein gleichmäßiges Grillen zu erreichen.

9 Sobald das Gericht fertig ist, auf einen Teller geben und vor dem Servieren mit den angegebenen Zutaten garnieren.

Ernährung:

Kalorien 400

Fett 20g

Kohlenhydrate 17.4g

Eiweiß 46,9g

Nashville Hot Chicken in der Heißluftfritteuse

Grundrezept
Zubereitungszeit: 10 Minuten
Zubereitungszeit: 27 Minuten
Portionen: 4

Zutaten:

- Pfund Huhn mit Knochen, 8 Stück
- Esslöffel Pflanzenöl
- Tassen Allzweckmehl
- 1 Tasse Buttermilch
- Esslöffel Paprika
- 1 Teelöffel Zwiebelpulver
- 1 Teelöffel Knoblauchpulver
- 1 Teelöffel gemahlener schwarzer Pfeffer
- Teelöffel Salz

Für scharfe Sauce:

1. 1 Esslöffel Cayennepfeffer
2. ¼ Tasse Pflanzenöl
3. 1 Teelöffel Salz
4. Scheiben Weißbrot
5. Dillgurke, nach Bedarf

Wegbeschreibung:

- Hähnchen putzen und gründlich waschen, trocken tupfen und bereithalten.
- Verquirlen Sie in einer Schüssel Buttermilch und Eier.
- Kombinieren Sie Knoblauchpulver, schwarzen Pfeffer, Paprika, Zwiebelpulver, Allzweckmehl und Salz in einer Schüssel.
- Tauchen Sie nun das Hähnchen in das Ei und die Buttermilch und geben Sie es in die zweite Marinadenschüssel und schwenken Sie es, um eine gleichmäßige Beschichtung zu erhalten. Vielleicht müssen Sie den Vorgang zweimal wiederholen, um eine bessere Beschichtung zu erhalten.
- Danach etwas Pflanzenöl aufsprühen und beiseite stellen.
- Bevor Sie das Huhn garen, heizen Sie die Fritteuse auf 190 Grad Celsius vor.
- Pinseln Sie den Frittierkorb vor Beginn der Zubereitung mit Pflanzenöl ein.
- Legen Sie nun das beschichtete Hähnchen bei 190 Grad Celsius in die Luftfritteuse und stellen Sie den Timer auf 20 Minuten. Überfüllen Sie die Luftfritteuse nicht. Es wäre besser, wenn Sie das Frittieren in 2 Chargen durchführen können.
- Wenden Sie das Hähnchen immer wieder, um es gleichmäßig zu braten.

- Sobald die eingestellte Zeit abgelaufen ist, nehmen Sie das Hähnchen auf einen Teller und lassen es dort ohne Abdeckung liegen.
- Starten Sie nun die zweite Charge. Führen Sie den gleichen Prozess durch.
- Reduzieren Sie nach 20 Minuten die Temperatur auf 170 Grad Celsius und legen Sie die erste Charge Hähnchen über die zweite Charge, die sich bereits im Luftbratkorb befindet.
- Nochmals 7 Minuten braten
- Während das Hähnchen in der Luft brät, bereiten Sie die scharfe Soße zu.
- Mischen Sie in einer Schüssel Salz und Cayennepfeffer gründlich.
- Erhitzen Sie in einem kleinen Kochtopf etwas Pflanzenöl.
- Wenn das Öl heiß wird, fügen Sie die Gewürzmischung hinzu und rühren Sie weiter, bis sie glatt ist.
- Legen Sie während des Servierens das Hähnchen auf das Weißbrot und verteilen Sie die scharfe Sauce über das Hähnchen.
- Verwenden Sie Dillgurken zum Toppen.
- Heiß servieren.

Ernährung:

Kalorien 1013

Fett 22.2g

Kohlenhydrate 53,9g

Eiweiß 140,7g

Air Fryer Panko paniertes Huhn Parmesan

Grundrezept

Zubereitungszeit: 10 Minuten

Kochzeit: 20 Minuten

Portionen: 4

Zutaten:

1. Unzen Hähnchenbrüste, ohne Haut
2. 1 Tasse Panko-Brotkrumen
3. ⅛ Tasse Eiweiß
4. ½ Tasse Parmesankäse, geraspelt
5. ½ Tasse Mozzarella-Käse, gerieben
6. ¾ Tasse Marinara-Sauce
7. ½ Teelöffel Salz
8. 1 Teelöffel gemahlener Pfeffer
9. Teelöffel italienische Würze
10. Kochspray, je nach Bedarf

Wegbeschreibung:

- Schneiden Sie jede Hähnchenbrust in zwei Hälften, sodass 4 Bruststücke entstehen. Waschen und trocken tupfen.
- Legen Sie das Hähnchen auf ein Schneidebrett und klopfen Sie es flach.
- Besprühen Sie den Korb der Luftfritteuse mit Speiseöl.

- Stellen Sie die Temperatur der Luftfritteuse auf 200 Grad Celsius ein und heizen Sie sie vor.
- Mischen Sie in einer großen Schüssel Käse, Panko-Brotkrumen und Gewürzzutaten.
- Geben Sie das Eiweiß in eine große Schüssel.
- Tauchen Sie das zerstoßene Hähnchen in das Eiweiß und bestreuen Sie es mit der Paniermehlmischung.
- Legen Sie nun das beschichtete Hähnchen in den Korb der Luftfritteuse und sprühen Sie etwas Speiseöl auf.
- Beginnen Sie mit dem Garen der Hühnerbrüste für 7 Minuten
- Die Hähnchenbrüste mit geriebenem Mozzarella und Marinara-Sauce anrichten.
- Weitere 3 Minuten kochen lassen und zum Servieren herausnehmen, wenn der Käse zu schmelzen beginnt.

Ernährung:

Kalorien 347

Fett 15g

Kohlenhydrate 7.4g

Eiweiß 37g

30-Tage-Mahlzeitenplan

Tag	Frühstück	Mittagessen/Abendessen	Dessert
1	Krabbenbratpfanne	Spinat-Röllchen	Matcha-Krepp-Torte
2	Kokosnuss-Joghurt mit Chia-Samen	Ziegenkäse Fold-Overs	Kürbis Gewürze Mini Pies
3	Chia-Pudding	Krepptorte	Nuss-Riegel
4	Ei-Fett-Bomben	Kokosnuss-Suppe	Pfundskuchen
5	Morgen "Grits"	Fisch Tacos	Tortilla-Chips mit Zimt Rezept
6	Scotch-Eier	Cobb-Salat	Granola Joghurt mit Beeren
7	Speck Sandwich	Käsesuppe	Beeren-Sorbet
8	Noatmeal	Thunfisch-Tartar	Kokosnuss-Beeren-Smoothie
9	Frühstücksauflauf mit Fleisch	Clam Chowder	Kokosnuss-Milch-Bananen-Smoothie
10	Frühstücks-Bagel	Asiatischer Rindfleischsalat	Mango-Ananas-Smoothie
11	Ei und Gemüse Hash	Keto Carbonara	Himbeere Grüner Smoothie
12	Cowboy Bratpfanne	Blumenkohlsuppe mit Saaten	Beladener Beeren-Smoothie
13	Feta-Quiche	In Prosciutto eingewickelter Spargel	Papaya Banane und Grünkohl Smoothie
14	Speck Pfannkuchen	Gefüllte Paprikaschoten	Grüner Orangen-Smoothie
15	Waffeln	Gefüllte Auberginen mit Ziegenkäse	Double Berries Smoothie
16	Schoko-Shake	Korma Curry	Energizing Protein Bars
17	Eier in Portobello-Pilzhüten	Zucchini-Riegel	Süße und nussige Brownies

18	Matcha-Fettbomben	Pilzsuppe	Keto Macho Nachos
19	Keto Smoothie Schüssel	Gefüllte Portobello-Pilze	Erdnussbutter-Schoko-Bananen-Gelato mit Minze
20	Lachs-Omelette	Kopfsalat	Zimt Pfirsiche und Joghurt
21	Hash Brown	Zwiebelsuppe	Birne-Minze-Honig-Eis am Stiel
22	Schwarzer Knaller-Auflauf	Spargelsalat	Orange und Pfirsiche Smoothie
23	Speck Tassen	Blumenkohl Tabbouleh	Kokosnuss-Gewürz-Apfel-Smoothie
24	Spinat-Eier und Käse	Rindfleisch Salpicao	Süßer und nussiger Smoothie
25	Taco Wraps	Gefüllte Artischocke	Ingwer-Beeren-Smoothie
26	Kaffee Donuts	Spinat-Röllchen	Vegetarierfreundlicher Smoothie
27	Ei gebackenes Omelett	Ziegenkäse Fold-Overs	ChocNut Smoothie
28	Ranch-Risotto	Krepptorte	Kokos-Erdbeer-Smoothie
29	Scotch-Eier	Kokosnuss-Suppe	Ei Spinat Beeren Smoothie
30	Spiegeleier	Fisch Tacos	Cremiger Dessert-Smoothie

Fazit

Danke, dass Sie es bis zum Ende dieses Buches geschafft haben. Eine Luftfritteuse ist eine relativ neue Ergänzung in der Küche, und es ist leicht zu sehen, warum die Leute begeistert sind, sie zu benutzen. Mit einer Luftfritteuse können Sie in Minutenschnelle knusprige Pommes frites, Chicken Wings, Hähnchenbrüste und Steaks zubereiten. Es gibt viele leckere Gerichte, die Sie zubereiten können, ohne Öl oder Fett zu verwenden. Achten Sie auch hier darauf, die Anleitung Ihrer Luftfritteuse zu lesen und die Regeln für die richtige Verwendung und Wartung zu befolgen. Sobald Ihre Luftfritteuse in gutem Zustand ist, können Sie wirklich kreativ werden und anfangen, Ihren Weg zu gesundem Essen, das großartig schmeckt, zu experimentieren.

Das war's! Herzlichen Dank!

Lightning Source UK Ltd.
Milton Keynes UK
UKHW020904220321
380765UK00001B/37

AN TEARMANN

ALEX HIJMANS

Cois Life

2016

Sonraíocht CIP Leabharlann na Breataine. Tá taifead catalóige i gcomhair an leabhair seo ar fáil ó Leabharlann na Breataine.

Tá Cois Life buíoch de Chlár na Leabhar Gaeilge (Foras na Gaeilge) agus den Chomhairle Ealaíon as a gcúnamh.
An chéad chló 2016 © Alex Hijmans
ISBN: 978-1-907494-66-6
Dearadh agus clóchur: Alan Keogh
Clódóirí: Nicholson & Bass

Nóta don léitheoir

Saothar ficsin atá anseo. Tá na carachtair uile agus na suíomhanna san úrscéal seo bunaithe ar shamhlaíocht an údair.

Ba mhaith leis an údar buíochas ó chroí a ghabháil le Scoil na Gaeilge, Ollscoil na hÉireann, Gaillimh, a chuir spás oibre ar fáil dó tráth a raibh cóiriú á dhéanamh aige ar chuid den saothar seo, agus le Cois Life as a dtacaíocht leanúnach.

1

Thuirling Eoin den bhus agus d'fhéach sé ina thimpeall trína chuid fabhraí. Ghortaigh gile an tráthnóna a shúile mar a dhéanfadh scian ghéar, ach ní chaithfeadh sé spéaclóirí gréine ar ór ná ar airgead. Cheapfadh daoine gur thurasóir é. Taistealaí a bhí ann. Taistealaí ar misean.

Anuas air sin, theastaigh uaidh an saol a fheiceáil gan ghloiní daite a bheith sa bhealach air. Bhí dubh agus bán ann, soiléir agus doiléir, ceart agus mícheart, cóir agus éagóir – agus is maith a thuig sé na difríochtaí eatarthu. D'fhág spéaclóirí gréine cuma bhréagach ar an saol; d'fhág siad spás d'imireacha liatha, don amhras.

A mhála droma mór ar leathghualainn aige agus a chlár surfála faoina lámh, d'fhéach sé ar an mbus ag imeacht uaidh. Shéid an cailín sin, a bhí tar éis suí in aice leis nuair a stop an bus sa bhaile mór deireanach, póg chuige tríd an bhfuinneog oscailte.

Níor chailín gránna í. Ábhairín ró-íseal, ach ní chuirfeadh sé sin as dóibh dá mbeidís sínte ar leaba le chéile. Dath fionn as buidéal ar a cuid gruaige, aghaidh dheas shodhearmadta uirthi.

Theastaigh uaithi a cuid Béarla a chleachtadh; theastaigh uaidh féin feabhas a chur ar a chuid Portaingéilise. Shocraigh siad ar mheascán.

Ar a bealach abhaile a bhí sí; bheadh sé ag dul ó sholas, a dúirt sí, faoin am a shroichfeadh an bus an áit arbh as di. Ba mhór an t-ionadh a bhí uirthi go raibh sé i gceist ag Eoin imeacht den bhus san áit ar imigh, san áit a raibh sé ina sheasamh anois.

'Cén fáth nach leanfá ort go dtí mo bhaile dúchais? Níl aon chailleadh ar na tonnta ann, a deir mo dheartháir. Surfálaí eisean freisin.'

Bhí an treoirleabhar bainte amach as póca coise a bhríste ghearr aige ar an bpointe boise nuair a dúirt sí sin; mharcáil a thicéad bus an leathanach.

'Tá sé ráite anseo go bhfuil cuid de na tonnta is fearr sa Bhrasaíl ar fad san áit a bhfuil mo thriall. Agus tá treibh bhundúchasach ann.'

Las alltacht i súile an chailín.

'Sin í an fhadhb!'

Ní raibh sa bhus anois ach spota dearg i lár scamaill dusta ar íor na spéire. Gan mhoill, d'imigh sé as radharc taobh thiar de chnocán. Ní raibh aon trácht eile ar bhóthar an chósta; ní raibh le cloisteáil ach damhsa na gaoithe i mbarr na gcrann pailme agus búireach na dtonnta, thall ag bun mhachaire geal na trá ar an taobh thall den tarmac.

Dhún Eoin a shúile ar feadh meandair agus líon a scamhóga le boladh an tsáile. Ansin shocraigh sé a mhála ar a ghuaillí agus scrúdaigh comhartha a bhí ar crochadh ó chrann le taobh an bhóthair: seanchlár surfála a raibh ainm an bhrú óige a raibh áirithint déanta aige ann péinteáilte air i litreacha ildaite. Bhí saighead in íochtar.

Chas sé isteach sa bhóithrín cúng. Ní raibh ach leathchéad méadar siúlta aige nuair a dhún an dufair os a chionn, craobhacha na gcrann snaidhmthe ina chéile mar a bheadh lámha seanchomrádaithe iontu. Nó an amhlaidh gur ag tachtadh a chéile a bhí siad, mar a bheadh seanchéilí comhraic? I gcás ar bith, bhí air fanacht ina sheasamh tar éis tamaill ghearr chun ligean dá shúile dul i gcleachtadh ar an dorchadas. D'fhéach sé suas, fonn air go tobann an spéir a fheiceáil, ach phlúch duilliúr dlúth na gcianta an saol ina thimpeall mar a dhéanfadh pluid.

D'fhéach sé ar chlé uaidh agus ar dheis. Crainn áille iad na crainn a d'fhás anseo – ach níor aithin sé aon cheann acu, ná níor aithin sé na feithidí ná na héin ar bhodhraigh a ndordán agus a scairteach a chluasa. Boladh coimhthíoch dó cumhracht mheisciúil na cré taise. Bhí mearbhall air: ní raibh an fharraige ach achar gearr ón áit a raibh sé ina sheasamh ach domhan eile ar fad a bhí anseo, domhan nár bhain leis. Go fóillín beag, pé scéal é. Dhéanfadh sé a chuid féin de, díreach mar a bhí déanta aige de dhomhan na dtaoidí agus na dtonnta.

Agus ansin, dhéanfadh sé a chuid féin sa troid chun an áit seo a chosaint.

De réir na leabhar staire, chlúdaigh foraois bháistí an chuid seo den Bhrasaíl ar fad tráth ar chuir na Portaingéalaigh cos i dtír ann breis is cúig chéad bliain ó shin. Ní raibh fágtha den dufair sin inniu ach pócaí beaga anseo is ansiúd. Bhí a raibh fágtha den fhoraois agus de na pobail dhúchasacha a chónaigh inti i mbaol a mbáis. Mheabhraigh an scéal ar fad scéal Ghaeltacht na hÉireann dó.

Shiúil sé leis, deifir air anois. Ach faoin aer tais, mhéadaigh meáchan a mhála droma agus a chlár surfála le gach coiscéim – nó b'in an chosúlacht a bhí air. Níorbh fhada gur chlúdaigh brat allais a cholainn.

Is iomaí casadh a bhí sa bhóithrín. Mheabhródh sé lorg nathrach do dhuine lena raibh de lúba ann. Sheas Eoin ina staic ar an bpointe boise nuair a rith an tsamhail sin leis: an mbeadh nathracha san áit seo? Thosaigh a chroí ag preabadh go tréan agus ní raibh sé in ann bogadh ar feadh soicind nó dhó.

Dheifrigh sé ar aghaidh a luaithe is a d'fhreagair a cholainn dá aigne arís. Thrasnaigh sé abhainn chaol dhubh thar dhroichead de shlata tiubha adhmaid. In airde a chuaigh an bóithrín ar an taobh eile, agus ba ghearr go raibh a léine báite ar fad san allas. Lig sé osna faoisimh as nuair a chúlaigh an dufair sa deireadh, ag géilleadh slí do pháirc féir a bhí chomh glas le móinéar ar bith in Éirinn.

Bhí an brú óige i lár na páirce sin, seanteach maorga dhá stór ar bharr an chnoic ar fad. 'An Teach Mór' a thabharfaí ar a leithéid sa bhaile, a smaoinigh Eoin. Ach bhí ballaí an tí seo chomh buí le banana; chuir an spleodar sin an ruaig láithreach ar na smaointe faoi choilíneachas, iar-choilíneachas agus nithe eile den sórt sin a bhí tar éis preabadh isteach ina aigne.

Bhí seanchlár surfála crochta os cionn an dorais. '*O Refúgio do Surfista*' a bhí scríofa air, mar a bhí ar an gcomhartha thíos ag an bpríomhbhóthar. 'Tearmann an tSurfálaí' an chiall, gan dabht, a bhí leis sin. D'fhoghraigh sé ainm na háite os íseal, mar a bheadh focail draíochta iontu a d'osclódh domhan nua dó.

Bhrúigh sé an doras uaidh agus chuaigh isteach i halla fáiltithe. Ní raibh radharc ar éinne. Chuaigh sé a fhad le cuntar a bhí déanta as adhmad tropaiceach. Leag sé uaidh a mhála droma agus a chlár surfála agus bhuail a lámh ar chloigín copair seanfhaiseanta ar an gcuntar. Ghoill an chling ar a chluasa.

Tar éis tamaill, chuala sé coiscéimeanna ar staighre bíseach ag bun an halla. Ní raibh bróga ná flip fleapanna ar na cosa a tháinig anuas an staighre. Bhí bríste Beirmiúdach cadáis agus léine gan mhuinchillí ar an bhfear lenar bhain siad; bhí spéaclóirí gréine i bhfostú ina fholt catach liath. D'fhág an folt céanna agus a shrón uasal cuma éin chreiche air. Seabhac, b'fhéidir.

'*Bem-vindo*,' a dúirt an fear.

'*Obrigado*,' a d'fhreagair Eoin.

Sheas an fear taobh thiar den chuntar agus bhain leabhar mór amach as tarraiceán. Gan eatarthu anois ach an cuntar, ba léir d'Eoin go raibh an leathchéad slánaithe ag an bhfear. Mar sin féin, bhí cuma na hóige air. Ba dhócha gurb í an tsurfáil ba chúis leis sin: cuma aclaí air agus buandath donn curtha ar a chraiceann geal ag grian, gaoth agus sáile. Bhí súile liatha aige, iad sollúnta ina aghaidh stuama. Chuir an fear a mhéar ar leathanach sa leabhar oscailte agus labhair go réidh, soiléir.

'Líon isteach d'ainm agus do chuid sonraí anseo.'

Rug Eoin ar pheann agus thosaigh ag scríobh. 'Ainm: Eoin Ó Síocháin. Dáta breithe: 14 Aibreáin 1988. Áit chónaithe: Sionainn, Co. an Chláir, Éire.'

Las loinnir sna súile liatha.

'Éireannach thú, an ea?'

'Is ea,' a dúirt Eoin.

'Bhí mé i do thír uair amháin,' a dúirt an fear. 'In '85.' Rinne sé gáire. 'Trí bliana sular rugadh tusa.'

'An raibh? Cén áit?'

'Bundoran agus Rossnowlagh. Bhí craobh na hEorpa sa tsurfáil ar siúl sa dá bhaile an bhliain sin; bhí cead agamsa páirt a ghlacadh ann toisc gurb as an bPortaingéil do mo mháthair. Ba é sin an comórtas idirnáisiúnta deireanach agam. Bhí tonnta den scoth ann ach, Dia ár sábháil, bhí an t-uisce feanntach fuar!'

Dhruid Eoin a shúile de bheagán.

'Cad is ainm duit, murar miste leat? Surfálaí mé féin, agus …'

'Chico,' a dúirt an fear. 'Chico Gavião.'

'Chico Gavião? Ag magadh atá tú! Tá surfálaithe na hÉireann fós ag caint ort! An seandream thuas i dTír Chonaill, pé scéal é. Nach bhfuair tú an ceann is fearr ar shurfálaí Protastúnach mór le rá éigin as Port Rois? Deir siad go gcrochfá leat an chraobh …'

'… Murach gur éirigh mé as an gcomórtas.'

Dhún Chico an leabhar mór agus chuir ar ais sa tarraiceán é.

'Fuair m'athair bás lá deiridh an chomórtais. Bhí mé ar eitleán abhaile go dtí an Bhrasaíl sula raibh na babhtaí ceannais thart, ach bhí mé rómhall don tsochraid. Ní fhéadfaí fanacht. An teas, an dtuigeann tú? Táim ag tabhairt aire don áit seo ó shin.

Sin agat an saol. Ach gabh i leith, tabharfaidh mé suas go dtí do sheomra thú.'

Sheas Eoin faoin gcith. Bhí uisce te ann, ach níor bhac sé leis. Bhí an t-uisce fuar féin alabhog, ach chuir an scaird láidir an ruaig ar an tuirse bhóthair.

Bhí strus ag baint le taisteal sa Bhrasaíl. Bhí bealach ag muintir na tíre rud ar bith simplí a dhéanamh casta. Bhí uimhir a phas de ghlanmheabhair aige ó bhí air í a líonadh isteach ar mhíle is a haon fhoirm nach mbreathnódh éinne orthu go deo. Thóg sé seachtain air siopa fón a aimsiú a bhí sásta cárta SIM áitiúil a dhíol le duine nach raibh uimhir seirbhíse poiblí de chuid na Brasaíle aige. Bhí blianta ann ó chuaigh sé ar Aifreann, ach uair ar bith dá ndeachaigh sé i ngar do mheaisín bainc Brasaíleach chaitheadh sé súil fhaiteach ar na flaithis ar eagla go dteipfeadh ar iarracht eile airgead a bhaint amach.

Níor chuidigh sé ach an oiread nach raibh an Phortaingéilis ar a thoil aige fós, in ainneoin an dá mhí a bhí caite aige ag scoil teanga i gcathair Rio de Janeiro. D'éirigh go maith leis sna ranganna; mhol na múinteoirí a thuiscint ar an modh foshuiteach go hard na spéire. Ach scéal eile ar fad a bhí ann amuigh ar an tsráid. Ar éigean a thuig sé freastalaithe na mbialann agus lucht na siopaí – agus uaireanta níor thuig siadsan eisean.

Mheabhraigh an rud ar fad a chéad tréimhse sa Ghaeltacht dó. Ar scoil, i Sionainn, bhí sé i gcónaí orthu siúd ab fhearr ar éirigh leo sa Ghaolainn. Ach an chéad samhradh sin thiar i gCorca Dhuibhne, níor thuig sé ach oiread na fríde de chaint shaibhir bhean an tí, bean Mhic Ghearailt.

Ar an mbus as Rio go dtí an áit seo a bhí sé faoin am ar tuigeadh an scéal dó: ach an oiread leis an nGaeilge in Éirinn, bhí difríocht ollmhór idir an Phortaingéilis oifigiúil a múineadh dó sa scoil teanga agus caint na ndaoine. Dá mbeadh Béarla ag muintir na Brasaíle … Ach b'fhusa teacht ar chainteoirí Gaeilge in Éirinn ná mar a bhí sé teacht ar dhaoine sa Bhrasaíl a raibh Béarla acu.

An mearbhall teanga, an callán síoraí, an maorlathas mallaithe, na busanna plódaithe, na meaisíní fabhtacha bainc, díoltóirí sráide gan mhúineadh, lucht déirce gan ghéaga, mná gan náire agus, thar aon rud eile, an teas míthrócaireach – d'fhág na rudaí seo ar fad gur mhothaigh sé go raibh sé ag treabhadh leis, lá i ndiaidh lae, trí phota ollmhór lán d'anraith te. Mar bharr ar an mí-ádh, níor stop na Brasaíligh a casadh air agus ar éirigh leis comhrá de chineál éigin a choinneáil ar bun leo ach ag tabhairt rabhaidh dó faoina chontúirtí is a bhí an tír, ach go háirithe dá leithéid féin, *gringo*.

Ach bhí ceann scríbe bainte amach aige anois. Mhúch sé an cith agus chuimil bosa a lámh dá cholainn nocht. Bhog barr a mhéara ó dheas, thar iomairí mhatáin a bhoilg, i dtreo a imleacáin agus thairis.

Níorbh aon ionadh go raibh oiread dúile ag mná na Brasaíle ann. Folt fionn, craiceann geal, súile gorma agus spleodar bricíní ina aghaidh – bhí sé chomh héagsúil le fir na Brasaíle agus a d'fhéadfadh fear a bheith. Iarracht dá laghad ní dhearna siad chun a gcatsúile a cheilt, mná na tíre seo: bhídís á scrúdú, á thomhas, á adhradh mar a bheadh dia Ceilteach ann – Manannán Mac Lir na linne seo.

Sheas sé amach as an gcith ar an bpointe boise agus cheangail tuáille faoina choim. Níorbh é sin an fáth a raibh sé sa Bhrasaíl. Cearta daonna a chosaint, ba é sin aidhm an aistir seo. Agus máistreacht san ábhar sin críochnaithe aige le nach mór bliain anuas, bhí deis aige faoi dheireadh tús a chur le slí bheatha a shásódh a mhianta.

Bhí mór-eagraíocht chearta daonna i Londain tar éis scoláireacht a thabhairt dó chun taighde a dhéanamh ar choimhlint idir treibh bhundúchasach agus tiarnaí talún sa cheantar seo. Dá gcruthódh an taighde gur ghá aird idirnáisiúnta a tharraingt ar chás na mbundúchasach, thabharfadh an eagraíocht faoi mhórfheachtas cearta daonna agus thabharfaí post buan agus ról lárnach ar an láthair d'Eoin féin ina leithéid. Nárbh airsean an t-ádh go raibh tearmann dá gcuid féin á éileamh ag treibh bhundúchasach san áit a raibh cuid de na tonnta ab fhearr sa Bhrasaíl?

Sheas sé ag an bhfuinneog oscailte. Mhuirnigh leoithne mheirbh craiceann a chliabhraigh; chuir gathanna deireanacha na gréine loinnir órga ar an duilliúr a chlúdaigh na cnocáin a shín amach ar chúl an bhrú óige. Ach tar éis tamaill, mhothaigh sé folús uaigneach ina bholg: áit chomh haoibhinn ach gan éinne lena thaobh chun éisteacht le suirí na bhfeithidí in éineacht leis. Sheas sé siar ón bhfuinneog agus chlúdaigh a aghaidh lena lámha; thóg sé tamall fada air Deirdre a ruaigeadh as a cheann.

Luigh sé siar ar an leaba. Ligfeadh sé a scíth ar feadh leathuair an chloig. Ansin rachadh sé síos staighre agus gheobhadh sé amach an raibh Wi-Fi ar fáil san áit seo.

Dhá lá ó shin, nuair a bhí a ríomhphost á sheiceáil aige i gcaifé idirlín i stáisiún na mbusanna in Rio, bhí teachtaireacht phráinneach roimhe as Londain, ag iarraidh air a mhíniú cén fáth nach raibh tús curtha aige leis an taighde fós. Meabhraíodh dó gur tugadh síneadh ama dó chun seachtain bhreise a chaitheamh ag foghlaim na teanga, ach go raibh mí caite anois agus nár chuala siad aon scéal uaidh. Mura ndeimhneodh sé láithreach bonn go raibh an taighde faoi lánseol, chuirfí an scoláireacht ar ceal agus bheadh air an chéad ghála, a bhí caite aige ar an turas go dtí an Bhrasaíl agus ar an gcúrsa Portaingéilise, a aisíoc.

Bhí mearbhall ar Eoin nuair a chonaic sé an teachtaireacht. Scans gur airsean a bhí an dul amú, ach shíl sé gur aontaíodh go bhféadfadh sé oiread ama a chaitheamh ag foghlaim na teanga is a theastódh chun líofacht réasúnta a bhaint amach; ar an ábhar sin ní raibh sé tar éis síneadh ama a lorg an athuair nuair ba léir dó nár leor seachtain amháin sa bhreis.

Ní raibh sa rud ar fad ach míthuiscint, ach ar mhí-ámharaí an tsaoil bhí an bus ar tí fágáil agus ní raibh an t-am aige freagra a chur ar ais. Mar bharr ar an mí-ádh, ní raibh Wi-Fi ar an mbus ná in aon cheann de na stáisiúin ar an mbealach.

Bhí sé san fhaopach anois. Mura n-éireodh leis teagmháil a dhéanamh le Londain gan mhoill, d'fhéadfadh an mhíthuiscint fhánach seo deireadh a chur lena bhrionglóid bhundúchasach. Bhí rudaí i bhfad níos daoire sa Bhrasaíl ná mar a shamhlaigh sé agus bhí uasteorainn rótharraingt a chuntais bainc nach mór bainte amach aige. Mura n-íocfaí an chéad ghála eile den scoláireacht go luath, bheadh sé ar ais i Sionainn laistigh de choicís, ag cartadh chac na gcapall in ionad marcaíochta a mhuintire.

2

Bhí sé ina lá. Ní fhéadfadh Eoin a rá go cinnte cad a dhúisigh é, an ghile, an folús ina ghoile nó an callán taobh amuigh. Sheas sé ag an bhfuinneog. Bhí éin bheaga bhuí ag scairteach ar a chéile.

Rug sé ar a ghuthán. 05:54. Chaithfeadh sé go bhfuair an teas agus an tuirse an ceann is fearr air tráthnóna inné. Tháinig fonn air cloch a chaitheamh leis na héin.

Chuardaigh sé ina mhála droma. Ní raibh aon cheann de na barraí gránóla fágtha a bhí ceannaithe aige ag stáisiún na mbusanna in Rio. Síos an staighre leis fad le seomra bia an bhrú óige; ba ghnách le muintir na Brasaíle éirí go luath. Seans go mbeadh greim bia le fáil.

Bhí an t-ádh air: bhí plátaí bananaí, slisíní mealbhacáin uisce agus torthaí eile fágtha ar cheann de na boird, mar aon le ciseán lán rollóga aráin. Shuigh sé síos ag an mbord sin agus chuimil droim a láimhe le ceann de na rollóga aráin. Bhí sí te fós. Ghéill sé don ocras agus bhain plaic aisti.

Bhí a bhéal lán nuair a thug bean théagartha ghorm pláta eile isteach. Bhí prátaí milse air, cainéal agus siúcra croite orthu. Chuir sí an pláta síos os a chomhair agus rinne meangadh gáire leathan.

'*Obrigado*,' a dúirt Eoin, ag déanamh a dhíchill gan 'r' an Bhéarla a úsáid. D'imigh an bhean léi gan aon fhreagra a thabhairt, a tóin shuntasach á luascadh anonn is anall aici faoi éadach bán a sciorta.

Bhí meaisín *espresso* beag ar chuntar in aice le doras na cistine. Bhí ionadh ar Eoin a leithéid a fheiceáil; as buidéal teirmis a tháinig an caife sa bhrú óige inar fhan sé in Rio. An mbeadh cead ag aoi a chupán caife féin a dhéanamh?

Baineadh geit as nuair a chuala sé glór fir taobh thiar de.

'*Bom dia!*'

Chuaigh Chico caol díreach chuig an meaisín *espresso*.

'An mbeidh ceann agat?'

'Beidh gan amhras. Tá tamall ann ó bhí cupán caife ceart agam.'

'Tá dúil mhór agat sa chaife, an bhfuil?'

'Bhí mé ag obair i gcaifé i mBéal Feirste ar feadh leathbhliana tar éis dom mo mháistreacht a chríochnú. Táim i m'andúileach ó shin.'

'Shíl mé gur as deisceart na hÉireann thú?'

'Is ea, ach rinne mé mo chéim agus m'iarchéim i mBéal Feirste. As Tuaisceart Éireann do mhuintir mo mháthar, an dtuigeann tú?'

Chuir Chico dhá chupán caife ar an mbord.

'An miste leat má shuím síos leat?'

'Ní miste in aon chor,' a dúirt Eoin, ach bhí aiféala air láithreach. Ní raibh fonn ar bith air tabhairt faoin gcomhrá tuirsiúil sin a bhíodh ann gach uair dár luaigh sé an Tuaisceart. Bheadh air a mhíniú arís eile nach raibh cogadh ann a thuilleadh agus nár cheist chreidimh ba chúis leis an achrann an chéad lá riamh, ach ceist chearta daonna, ceist staire, ceist talún. Bhí air ábhar an chomhrá a athrú go tapa.

'Chuala mé go bhfuil treibh bhundúchasach sa cheantar seo. An bhfuil cónaí orthu gar don áit seo?'

Tháinig strainc ar aghaidh Chico. Chuir sé síos a chupán.

'Rinne mé dearmad siúcra a chur isteach ann.'

Rug sé ar an mbabhla siúcra agus mheasc trí spúnóg isteach sa chaife.

'Tá,' a dúirt sé nuair a bhí sé tar éis bolgam a bhlaiseadh. 'Tá cónaí orthu gar don áit seo.'

Bhí ciúnas ann.

'Tá tearmann dá gcuid féin geallta dóibh, nach bhfuil?' a dúirt Eoin ar deireadh.

Chaith Chico siar a raibh fágtha dá chaife agus leag a chupán ar an mbord.

'*Pois é.*'

Bhí an ghráin shíoraí ag Eoin ar an nath cainte sin, *pois é.* 'Sin é an chaoi a bhfuil sé' an bhrí a bhí leis go litriúil, ach 'dún do chlab' an chiall a bhain sé féin as go minic. Freagra a bhí ann a dhún an doras i d'aghaidh go múinte ach go héifeachtach. An cineál freagra a thugadh a mham uair ar bith a bhfiafraíodh sé di cad ina thaobh ar bhog a muintir sise ó na Speiríní go Sionainn i lár na seachtóidí.

Bhí sé chomh maith aige fanacht go dtí lá éigin eile lena chuid ceisteanna faoi na bundúchasaigh, mar sin. Ach bhí ceist phráinneach eile aige.

'An bhfuil nathracha thart anseo?'

Lig Chico scairt gháire as.

'Neart!'

'Cinn nimhe?'

D'éirigh Chico, chuir a spéaclóirí gréine air féin agus chomharthaigh d'Eoin é a leanúint.

Flip fleapanna a bhí á gcaitheamh ag Eoin. Ar an ábhar sin, choinnigh sé súil ghéar ar an bhféar a bhí ag fás ar dhá thaobh an chosáin ar a raibh siad ag siúl, ar chúl an bhrú óige. Ach bhí air féachaint suas nuair a dhírigh Chico a mhéar ar fháschoill a bhí rompu.

'An bhfuil a fhios agat cén cineál crann iad sin?'

D'fhéach Eoin orthu. Ní fhaca sé mórán difríochta idir iad agus na crainn a bhí feicthe aige sa dufair an lá roimhe.

'Níl,' a dúirt sé.

Sheas Chico in aice le ceann i ngar dóibh agus chuir a lámh ar thoradh crónbhuí a bhí ag fás idir dhuilleoga móra dubhghlasa. Bhí an toradh chomh mór le hubh seacláide a cheannófá in ollmhargaí na hÉireann aimsir na Cásca.

'Crainn chacó iad seo. Mo shin-seanathair a chuir iad, sa bhliain 1931. Plandáil a bhí san áit seo ar fad.'

Go deimhin bhí na crainn curtha ina sraitheanna, ach bhí cuma mhíshlachtmhar, leathfhiáin orthu. Bhí toim ag fás eatarthu agus bhí roinnt mhaith de na crainn tar éis titim, féitheacha ramhra glasa ag lúbarnaíl timpeall ar na stoic.

'A bhí, a dúirt tú? Nach plandáil a thuilleadh í?'

Chroch Chico a ghuaillí.

'Galar scuaibe caillí. Scrios sé na plandálacha ar fad anseo timpeall. Chaill go leor teaghlach a raibh acu de mhaoin an tsaoil.'

'Agus sibhse?'

'Tháinig muid gar go leor dó. Bhí ar m'athair nach mór gach duine a bhí ag obair dúinn a ligean chun siúil. Bhí orainn cuid den talamh a dhíol. Dá mbeadh a fhios ag mo shin-seanathair an méid sin, thiontódh sé san uaigh.'

Tharraing Eoin ciorcal i ndeannach an chosáin le hordóg a choise. Ba ghnách lena mháthair féin an rud céanna a rá faoi úllord a muintire sna Speiríní, a bhí i lámha na gcomharsan anois.

'B'in an uair a d'éirigh m'athair tinn, an dtuigeann tú?' a dúirt Chico. 'Chuir an t-ól agus an galar dubhach deireadh leis in achar bliana.'

D'fhéach Eoin ar na crainn chacó os a gcomhair.

'Agus cad fúthu seo, mar sin?'

Rinne Chico gáire.

'Scriosta ag an ngalar, an chuid is mó acu. Ní dheachaigh oibrí ar bith isteach anseo le scór bliain. Tá crainn ar fáil anois nach dtógann galar, ach shocraigh mé an phlandáil a fhágáil faoin dufair agus díriú ar an éiceathurasóireacht.'

'Sin smaoineamh maith!'

'*Pois é*. Ach gabh i leith, thug mé amach anseo thú chun breathnú ar na nathracha.'

Shiúil siad leo. Tar éis nóiméid nó dhó, tháinig siad chomh fada le dhá struchtúr a sheas faoi scáth chrainn na seanphlandála. Bothóg bheag a mheabhraigh cró cearc d'Eoin a bhí sa cheann is lú acu. Teach gloine leathshuncáilte sa talamh a bhí sa struchtúr eile. Sheas Eoin ina staic nuair a chonaic sé péist á hiomlasc féin i gcoinne na gloine.

'Ná bíodh eagla ort,' a dúirt Chico, bosa a lámh ar an bpána gloine a chlúdaigh nead na nathracha aige. 'Tá siad faoi ghlas.'

Sheas Eoin in aice le Chico agus chuir iallach air féin féachaint isteach i bpoll na bpéist. Baineadh an anáil de. Bhí dhá nó trí scór nathracha ag lúbarnaíl thar a chéile ann, patrún sícideileach ar a gcraiceann liathdhonn a chuir masmas air. Theagmhaigh péire súl buíghlasa lena shúile féin. Tháinig fonn urlacain air, ach bhí sé faoi gheasa ag súil ghéar na nathrach: taibhsíodh dó go raibh fios éigin ag an bpéist nach mbeadh aige féin go brách – agus gur mhaith a thuig sí an méid sin.

Baineadh geit as Eoin nuair a labhair Chico, focal éigin nár thuig sé.

'*Jararaca*,' a dúirt Chico arís, an bhéim a leagan ar an tríú siolla aige. 'An nathair is nimhní agus is mó a mharaíonn daoine i Meiriceá Theas.'

'Cad ina thaobh a bhfuil siad agat, má tá siad chomh contúirteach sin?'

Chomharthaigh Chico an brú óige lena cheann agus shiúil siad leo. Bhí siad leathbhealach síos an cosán sular labhair sé.

'Sular tháinig an galar ar na crainn, bhíodh na scórtha daoine ag obair againn idir mí Dheireadh Fómhair agus mí Aibreáin, nuair a bhíodh na torthaí cacó á mbaint. An tráth sin den bhliain, d'fhanadh na nathracha glan amach as an bplandáil. Is mó an eagla a bhíonn orthu romhainne ná orainne rompu, an dtuigeann tú?'

Chlaon Eoin a cheann mar chomhartha gur thuig. Faoiseamh éigin a bhí sa mhéid sin.

'Ach an chuid eile den bhliain, ní bhíodh ag obair againn ach triúr ar a mhéad. Bhí Juscelino ar dhuine de na hoibrithe sin. Fear bundúchasach a bhí ann, ó ...' Chomharthaigh Chico an dufair lena lámh. 'Ní raibh sé mórán níos sine ná mise. Trí bliana, b'fhéidir. B'eisean a thaispeáin dom conas moncaí a mharú le bogha agus saighead. B'eisean an deartháir nach raibh agam riamh.'

'Drochlá ... bhí mé ocht mbliana déag d'aois ... bhí sreang dheilgneach á cur suas aige sa chuid is faide amach den phlandáil. Nuair nár tháinig sé ar ais ag am lóin, chuaigh mé á chuardach. Croitheadh an t-anam asam nuair a tháinig mé air. Bhí sé sínte ar an talamh, greim aige ar rúitín a choise clé, a bhí ata go mór. Bhí sé ag lúbadh agus ag casadh leis an bpian, gach cnead chéasta as. Bhí sé ag rámhaille, ach d'aithin sé mé. "Tá siad á n-iolrú féin i mo chorp, Chico," a dúirt sé. "Bhí nathair amháin ann ar dtús. Ansin péire. Ansin ceithre cinn. Ansin ocht gcinn. Tá os cionn ceithre scór acu ann anois, ag lúbarnaíl i mo cheann, i mo chabhail agus i mo ghéaga. Tá siad do mo scriosadh ón taobh istigh.'"

D'fhan Chico ina sheasamh, rug greim uilinne ar Eoin agus d'fhéach isteach ina shúile.

'Mura dtugtar an fhrithnimh in am, is millteanaí an bás ó ghreim an *jararaca* ná an céasadh a d'fhulaing Íosa Críost féin ar an gCros. Cuireann an nimh duine glan as a mheabhair sula leánn sí an inchinn. Ní thagann faoiseamh an bháis ach tar éis lá nó dhó.'

Leath a shúile ar Eoin le halltacht.

'Cad a rinne tú?'

'Fear déanta ab ea Juscelino. Bhí sé róthrom dom. Dúirt mé leis go dtiocfainn ar ais le m'athair; bheadh réiteach aige sin. Ach chroith m'athair a cheann nuair a thug mé an scéal dó. Séasúr na báistí a bhí ann agus cúpla lá roimhe sin sriosadh droichead ar an mbealach go dtí an baile mór sa tuile. Thógfadh sé ceithre huaire an chloig orainn an t-ospidéal a bhaint amach ar mhalairt slí. Faoin am sin bheadh sé i bhfad rómhall don fhrithnimh, dá mbeadh sé sin acu, fiú amháin.'

'Nuair a thángamar fad le Juscelino ba léir go raibh a neart tráite. Ní raibh sé in ann a ghéaga a bhogadh a thuilleadh. Ach bhí a shúile ag casadh sna logaill, suas agus síos, siar agus aniar. "Tá na mílte acu ann, Chico," a dúirt sé. Ansin shil braon fola as polláirí a shróine.'

Ghlan Chico a scornach.

'Mhínigh m'athair gur as an inchinn a tháinig an fhuil sin. D'fhéach Juscelino aníos orm. "Míle míle, Chico," a dúirt sé. Bhreathnaigh mé ar m'athair. "Gabh ar ais abhaile, Chico," a dúirt seisean. "Tabharfaidh mise aire dó." Ní raibh mé ach céad méadar ón áit nuair a phléasc urchar.'

Bhain Chico a spéaclóirí gréine de, chuimil droim a láimhe dá shúile agus chuir na spéaclóirí gréine ar ais arís.

'Sin an fáth a bhfuil na *jararacas* agam, le cinntiú go mbeidh frithnimh ag na hionaid sláinte anseo timpeall i gcónaí.'

Ní raibh a fhios ag Eoin cad ba cheart dó a rá. Mhothaigh sé gur cheart dó lámh a chur thar ghualainn a chompánaigh nó rud éigin den sórt sin, ach cén aithne a bhí aige ar an mboc seo ar chor ar bith? Cad ina thaobh ar inis sé an scéal seo ar fad dó? Sa deireadh, choinnigh sé a lámha i bpócaí a bhríste.

Bhain siad an brú óige amach. Gan mhoill, chuimhnigh

Eoin ar scéal na scoláireachta. Theastaigh uaidh fiafraí de Chico faoin Wi-Fi, ach bheadh sé ábhairín mímhúinte sin a dhéanamh anois.

Ba léir, áfach, gur fear é Chico nár lig don am a bhí thart cur isteach ar an am i láthair. Bhreathnaigh sé ar a uaireadóir agus thug bos idir an dá shlinneán d'Eoin.

'Is gearr go mbeidh an taoide ag líonadh. An ngabhfaimid ag surfáil? Táim chun an lá a thógáil saor, tar éis an tsaoil inniu Aoine an Chéasta.'

3

'Glacaim leis gurb í Havaiana de Pau a mheall go dtí an áit seo ag deireadh an domhain thú.'

Bhí uachtar gréine á chuimilt isteach i gcraiceann a chliabhraigh ag Chico.

Havaiana de Pau, ba é sin a bhaist lucht surfála na Brasaíle ar an ollmhaidhm a bhriseann céad slat amach ón trá ar a raibh siad ina seasamh. 'Flip Fleap Adhmaid' ba chiall leis an ainm sin de réir an treoirleabhair, a mhaígh go raibh an tonn arrachtach seo inchurtha le Cloudbreak i bhFidsí, le Mavericks chósta thiar Mheiriceá agus go deimhin le hAill na Searrach, an ollmhaidhm iomráiteach ag bun Aillte an Mhothair i gcontae dúchais Eoin féin.

'Sin ceann de na fáthanna a bhfuilim anseo,' a dúirt Eoin, meall uachtar gréine á dhoirteadh isteach ina lámh aige. Ní fhéadfá a bheith sách cúramach faoin ngrian sa tír seo.

'Ní maidhm do thosaitheoirí í,' a dúirt Chico.

'Ní tosaitheoir mise.'

Chuimil Eoin an t-uachtar gréine isteach ina chraiceann agus ghlan a lámha ar a bhríste Beirmiúdach. Tharraing sé a ghuthán póca amach ansin chun físeán a thaispeáint do Chico.

'An aithníonn tú an tírdhreach seo?'

Chuir Chico a spéaclóirí gréine ina fholt liath.

'Sin é Bundoran!'

Líon maidhm mhór an scáileán beag. Díreach ag an soicind cheart, theilg surfálaí fionn i gculaith uisce é féin chun tosaigh, bolg faoi ar a chlár. Agus an mhaidhm ag ardú, d'éirigh an surfálaí ina sheasamh, líne chaol bhán á gearradh ag a chlár thar aghaidh na toinne. Rinne an mhaidhm bairille aisti féin ansin, ach lean an surfálaí dá chúrsa go socair suaimhneach, tríd an mbairille ar fad, go dtí nach raibh fágtha den tonn ach lorg cúir.

'Sin mise,' a dúirt Eoin. 'Sin sliocht as scannán faisnéise ar ghlac mé páirt ann.'

'Maith thú, ach ná déan dearmad nach gan chúis a thugtar Havaiana de Pau ar an maidhm seo. Anseo sa Bhrasaíl, nuair a bhíonn páistí dána, buailtear le flip fleap iad. Samhlaigh an greadadh a thabharfadh flip fleap adhmaid do dhuine!'

D'fhág siad an buidéal uachtair gréine agus na gutháin phóca faoi dhuilleog mhór chrann cócó agus shiúil siad i dtreo na brachlainne. Chaith Chico a chlár surfála san uisce láithreach, luigh air agus thosaigh ag snámh trí na tonnta.

D'fhan Eoin ina sheasamh ar imeall an tsáile ar feadh tamaill, a shúile ar íor na spéire, agus d'aithris líne ó pheann Sheosaimh Mhic Ghrianna: '… más fada ó chéile na cuanta, tá an fharraige in achan áit …'

Ní paidir a bhí ann go díreach, ach nós. B'fhearr gan nósanna a dhéanamh, gan amhras, ach b'fhearr fós gan nósanna a bhí déanta cheana féin a bhriseadh. Agus nárbh fhíor don Ghriannach, a shíl Eoin. Seo eisean, Gael, ar tí seasamh isteach in uiscí a bhí na mílte míle ón áit ar tháinig sé ar an saol, ach bhí sé sa bhaile, óir ceanglaíonn an fharraige críocha agus cineáil na cruinne ar fad lena chéile.

Isteach leis de léim. Luigh sé ar a chlár agus thosaigh ag snámh. Dá gcasfadh sé ar chlé tar éis dó an ceann tíre sin thall a scoitheadh agus dá leanfadh sé air ó thuaidh agus casadh ar dheis san áit cheart, bhainfeadh sé Aill na Searrach amach.

Líonán carraige, céad méadar amach ón trá, ba chúis le hollmhaidhm Havaiana de Pau. Go deimhin, achar éigin amach uaidh, chonaic Eoin an fharraige ag ardú agus ag ísliú go mall réidh, faoi mar a bheadh ainmhí ollmhór ag corraíl faoin uisce. Bhí Chico ar bharr an mhullaigh uisce sin, ina shuí ar a chlár, ag fanacht go mbrisfeadh tonn agus ag fógairt ar Eoin deifir a dhéanamh. Líon Eoin a scamhóga agus chuir dlús leis an snámh. Roimh i bhfad, bhí sé in aice le Chico.

Ach ní raibh deifir ar an ollmhaidhm. D'ardaigh agus d'ísligh meallta móra uisce ach níor bhris. Bhí sé féin agus Chico á luascadh go réidh ar bharr mhullaí sáile mar a bheadh naíonáin in ucht a máthar. Tháinig leisce aoibhinn ar Eoin faoin ngrian ard, leisce a scaip trína cholainn ar fad. Lig sé a lámha síos sa sáile bog agus lig sé a smaointe chun fáin.

Tar éis tamaill ag taibhreamh faoin saol iontach a bhí roimhe sa pharrthas trópaiceach seo thug sé faoi deara go raibh sé timpeallaithe ag loingeas aduain. Gleoiteoga beaga bídeacha a mheabhraigh na bolgáin bheaga bharrúla ina thimpeall dó, iad ar shnámh ar bharr uisce, imir chorcra ar a gcraiceann trédhearcach. Nó coiscíní a mbeadh aer séidte isteach iontu ag déagóir leibideach éigin! An raibh sé ag truipeáil?

Béicíl Chico a mhúscail as a bhrionglóid é. Shuigh Eoin suas agus chuimil a shúile, ach níor imigh an loingeas sícideileach.

Bhí Chico ag fógairt air go fíochmhar. I ngan fhios d'Eoin, bhí sruthanna na farraige tar éis achar scór go leith méadar a chur eatarthu. Bhí focal éigin á scairteadh in aird a ghlóir ag Chico, arís is arís eile, ach níor thuig Eoin cad a bhí i gceist aige.

Anois bhí Chico ag síneadh méire i dtreo na trá, ag tabhairt le tuiscint go raibh orthu filleadh. Cad ina thaobh? Ní raibh oiread agus maidhm mhaith amháin tar éis briseadh fós. B'fhearr dul chun cainte le Chico chun a fháil amach cad go díreach a bhí ag dó na geirbe aige.

Luigh Eoin síos ar a chlár agus thosaigh ag snámh ina threo. Ach níor luaithe a lámh chlé curtha sa sáile aige ná réab pian chéasta tríthi, faoi mar a bhainfeadh turraing leictreach dó.

Tharraing sé a lámh amach as an uisce. Bhí sreang thanaí thrédhearcach lúbtha timpeall uirthi a bhí ceangailte le ceann de na bolgáin bheaga chorcra. Chaithfeadh sé gur smugairlí róin de shórt éigin a bhí sna bolgáin sin! Líonrith air, shuigh Eoin aniar agus rinne iarracht an tsreang a chroitheadh dá lámh. Nuair nár oibrigh sé sin stróic sé di í í lena dheasóg, ach ghreamaigh an ghaoth dá chabhail í. Dhóigh an nimh craiceann a bhoilg mar a dhéanfadh aigéad géar.

Agus é ag streachailt chun é féin a shaoradh, níor thug sé faoi deara go raibh ollmhaidhm Havaiana de Pau tar éis dúiseacht taobh thiar de. Faoin am ar thuig sé go raibh sé féin agus a chlár surfála ardaithe ceithre nó cúig mhéadar san aer aici bhí sé rómhall: theilg círín na toinne chun tosaigh é, isteach i bhfolús na spéire. Ar feadh leathshoicind, bhí an saol ar fad bunoscionn; an chéad rud eile, bhuail aghaidh na toinne sa droim é. Thuairt sé i ndiaidh a chinn, síos agus síos go grinneall na farraige. Ghéaraigh píoparnach ina chluasa go dtí gur shíl sé go mbodhrófaí é, ach ansin, gan choinne, thráigh an tonn agus ghob a cheann os cionn uisce. Phléasc sáile amach as a bhéal agus as polláirí a shróine; d'éirigh leis anáil a tharraingt.

Mhothaigh sé carraig gharbh faoina chosa. Chaithfeadh sé go raibh sé ina sheasamh ar an líonán ba bhonn le Havaiana de

Pau. Ach cá raibh a chlár surfála? Nuair a chas sé timpeall, féachaint an aimseodh sé é, d'ardaigh maidhm mhór eile roimhe.

Fágadh ina staic é, ach ag an soicind deireanach tháinig ciall chuige. Dhéanfaí smidiríní de dá bhfanfadh sé ina sheasamh ar an líonán carraige. I ndiaidh a chinn, léim sé isteach i mbolg an arrachtaigh uisce.

Bhí sé i gceist aige tumadh faoi bhun na toinne ach theip ar an bplean. Níor éirigh leis tumadh domhain a dhóthain. Fuair an mhaidhm greim ar a ghéaga agus thosaigh ag iomrascáil leis, á tharraingt síos, á thachtadh, á chur ag rothlú i ndiaidh a chinn arís is arís eile. Bhí a chroí ina bhéal: ní foláir nó bhí sé díreach os cionn an líonáin. Soicind ar bith anois scoiltfeadh carraig bhiorach éigin a bhlaosc. Ach nuair nár tharla sé sin agus nuair a ghob a cheann amach os cionn uisce sa deireadh, thuig sé go raibh an tonn tar éis é a thabhairt slán sábháilte thar an líonán ar fad.

Slán sábháilte? An chéad rud eile, thosaigh an fharraige ag trá ina thimpeall ar luas lasrach. Níorbh aon mhaith streachailt ná troid: súdh ar ais i dtreo an líonáin é. Ach sular bhuail sé carraig, thuairt maidhm mhór mhillteach eile anuas air. Arís eile, rinne lámha dofheicthe bréagán as. Arís eile, tharraing siad síos go grinneall é.

Nuair a d'oscail sé a shúile, ba éard a chonaic sé roimhe ná seomra leapa Dheirdre.

Bhí sé ina luí ar an leaba, leis féin. Bhí éin ag giolcadh ar leac na fuinneoige agus bhí traein ag tarraingt amach as Stáisiún Botanic thíos.

Bhí sé fós ag teacht chuige féin. Bhí meadhrán ina cheann. Rug sé ar a scornach féin, go cúramach, á scrúdú. Bhí saothar anála air.

'Bhí tú imithe ar feadh deich soicind an iarraidh seo!' a bhéic Deirdre ón gcith.

D'fhéadfadh sí rud ar bith a rá leis ag an bpointe sin agus chreidfeadh sé í. Gach uair dár thacht sí é agus iad ag luí lena chéile, ba gheall le hathshocrú inchinne é – faoi mar a bheadh a ríomhaire inmheánach á mhúchadh agus á lasadh an athuair. Spéirbhean, spéirling: réab sí thairis mar a dhéanfadh rabharta mara, tonn i ndiaidh toinne, arís is arís eile, go dtí go mbíodh sé spíonta.

D'éirigh sé ina sheasamh. Rug ar an gcófra in aice leis an leaba mar shíl sé go dtitfeadh sé. Shuigh ar a ghogaide nuair a d'imigh na réaltaí beaga geala. D'oscail an tarraiceán íochtarach. Bhog na fo-éadaí i leataobh. Thit a chroí. Bhí sé ann, fós. An gunna. I bhfolach faoi ualach fo-éadaí agus meirg air, ach bhí sé ann, fós.

Stop an cith ach níor chuir sé an gunna ar ais.

'Cad ina thaobh nár chaith tú an rud seo amach fós?' a dúirt sé nuair a sheas Deirdre sa doras, róba folctha bán uirthi. 'Dúirt mé leat míle uair go bhfuil an lá sin thart. Nach urchar ar son na saoirse gach focal Gaeilge dá labhraímid?'

'Tá dhá bhliain déag agam ort. Níor fhás tú aníos anseo. Ní bheadh a fhios agat riamh cá huair a mbeidh sé de dhíobháil arís.'

Sular fhéad Eoin í a fhreagairt scaoil sí an tsnaidhm ina róba folctha agus lig dó titim ar an urlár, timpeall ar a cosa.

Rug Eoin ar a scornach féin arís. Níor éirigh leis anáil ar bith a tharraingt, agus bhí na cuimhní ag dul i ndoiléire.

'A Eoin! A Eoin!'

Brúdh lámh ar a chliabhrach, scaird steall sáile amach as a bhéal, theagmhaigh beola lena bheola féin. D'oscail sé a shúile. Níorbh aghaidh Dheirdre a chonaic sé os a chionn, ach aghaidh Chico.

Bhí sé ina luí ar a dhroim, sa ghaineamh, an mearbhall céanna air is a bhíodh air nuair a dhúisigh sé ó dhrochbhrionglóid. Ach fiú faoi ghrian gheal na Brasaíle, ní imeodh an tromluí a bhí á chéasadh le trí mhí anuas.

Bhí Deirdre ag iompar agus ba leis-sean an páiste.

4

Scrúdaigh Eoin é féin i scathán a sheomra. Bhí drochbhail air, ceart go leor. Bhí gearradh beag ar a smig agus ceann mór ar a chliabhrach. Níorbh é an chéad uair dó é féin a ghortú san fharraige; chneasódh na créachta seo. Ach bhí imní air faoi na loirg a bhí fágtha ar a lámh chlé agus ar a chabhail ag adharcáin nimhe smugairlí an tseoil – nó na longa cogaidh Portaingéalacha mar a thug Chico ar na smugairlí róin corcra. Loirg dhearga, fheargacha a bhí iontu, leathorlach ar leithead. Mheabhraigh siad na scríoba dó a d'fhág ingne Dheirdre ar a aghaidh an tráthnóna úd ar fhág sé slán aici den uair dheireanach.

Luigh sé siar ar an leaba. Ní raibh sé ach a haon a chlog sa tráthnóna, ach bhí sé traochta tar éis na heachtra ar fad. Dhún sé a shúile. D'éireodh sé i gceann leathuair an chloig agus d'íosfadh sé greim lóin.

Ach nuair a dhúisigh sé, de phreab, bhí sé dorcha. Ní ocras a bhí air ach a mhalairt. D'éirigh leis an leithreas a bhaint amach díreach in am: tháinig maidhm mhór múisce aníos a luaithe is a d'ardaigh sé an claibín. Ní raibh am aige an leithreas a shruthlú, fiú amháin, nuair ab éigean dó suí ar an mbabhla. Shéid a phutóga a raibh iontu.

Ní raibh fuinneamh ar bith fágtha ann nuair a d'fhógair a ghoile agus a phutóga sos comhraic faoi dheireadh. Bhí air taca a bhaint as an mballa agus é ag déanamh a bhealaigh i dtreo an cheatha, céim ar chéim.

Ghoill an t-uisce fuar ar a chraiceann. Ba léir go raibh fiabhras air, ach bhí air é féin a ní. Ach níor luaithe an gallúnach aimsithe aige ná réab pian ghéar trína bholg an athuair, amhail is go raibh scian á sá isteach ina phutóga. Shil steall leachta te anuas idir a chosa. Thosaigh sé ag gol, ach a luaithe is a dhún sé a shúile chonaic sé tonnta móra ag ardú roimhe agus dá bharr sin d'ardaigh tuilleadh maidhmeanna múisce aníos ina ghoile.

D'oscail sé a shúile go beo agus rinne tréaniarracht iad a choinneáil i bhfócas ar na leacáin ar an mballa os a chomhair. Céad leacán a bhí ann san iomlán; chomhair sé faoi thrí iad, ina gceann is ina gceann, sula raibh sé de mhisneach aige an cith a mhúchadh agus dul ar thóir tuáille. Thriomaigh sé é féin, las an solas agus rug ar a ghuthán póca. 1:27 a.m.

Cad sa diabhal ba chúis leis an gcéasadh seo? Rud éigin a bhí ite aige i stáisiún busanna éigin? Nó an bhféadfadh sé go raibh goin ghréine air in ainneoin a chúraim leis an uachtar gréine? Bhuail freagra na ceiste idir an dá shúil é nuair a chonaic sé nach raibh cneasú ar bith tagtha ar na loirg dhearga ar a lámh agus ar a bholg. Nimh smugairlí an tseoil ba chúis lena chiapadh.

Chaithfeadh sé codladh, deis a thabhairt dá cholainn teacht chuici féin tar éis di iarracht a dhéanamh an nimh a dhíbirt chomh fíochmhar foréigneach sin sa leithreas.

Ach níor luaithe an solas múchta aige ná thosaigh maidhmeanna fíochmhara ag ardú os a chomhair arís, ag bagairt agus ag briseadh, ceann i ndiaidh a chéile, gan stad gan staonadh. Thosaigh an céasadh ina bholg an athuair. Sna speabhraídí a bhí air, mhothaigh sé a ae, a liathán, a dhúáin, a chuid orgán ar fad á scriosadh go mall ag nimh dhiamhair éigin. Mar bharr ar an donas, bodhraíodh é, arís eile, ag na focail a bhí á gcíoradh aige go síoraí le trí mhí anuas.

'Do chuid fola féin!' a bhéic Deirdre, a hingne á scríobadh ar leiceann Eoin aici.

Bhí siad ina seasamh i halla a hárasáin, greim ag Eoin ar mhurlán an dorais.

'Do chuid fola féin a bheidh ina chuislí. Níl aon éalú! Do chuidse fola. Mo chuidse fola. Fuil uasal Ghaelach! Óglach de chuid ...'

Níor fhreagair sé í. D'oscail sé an doras agus dhún ina dhiaidh é, de phlab.

5

'Shábháil tú mo bheatha inné,' a dúirt Eoin, a ghualainn le hursain dhoras an tseomra bia aige.

'Ná habair é. Bhí truip de chineál éigin agat aréir, a déarfainn?'

Bhain Eoin taca as an mballa agus é ag déanamh a bhealaigh anonn chuig an mbord ag a raibh Chico ina shuí. Bhí a cheann ina bhulla báisín agus níor stop an t-urlár ach ag bogadh, ach bhí an phian ina phutóga imithe agus bhí ocras air.

'Cén t-am é?' a d'fhiafraigh sé.

'Meán lae.'

Shuigh Eoin síos os comhair Chico.

'Ródhéanach do ghreim bhricfeasta mar sin.'

'Tá Adriana imithe abhaile don lá, ach is féidir liomsa rud éigin a réiteach duit.' Chaoch Chico a shúil. 'Déarfainn nach mbeidh uait ach tósta tirim pé scéal é. Táim cinnte go mbeidh tú níos cúramaí timpeall ar na longa cogaidh Portaingéalacha as seo amach.'

Chuir Eoin straois air féin.

'Beidh píosa tósta go breá. Ach tá cupán caife uaim go práinneach.'

D'éirigh Chico agus chuaigh isteach sa chistin. Tar éis tamaill d'fhill sé le ceithre shlisín tósta ar phláta. Rinne sé cupán mór caife ag an meaisín *espresso* agus chuir ar an mbord é.

Bhlais Eoin bolgam. 'Shábháil tú mo bheatha arís!'

Gan mhoill, chuir an chaiféin an ruaig ar an gceo ina cheann. Ach níor luaithe na néalta ardaithe ná phreab ceist phráinneach isteach ina aigne.

'An bhfuil aon Wi-Fi san áit seo?'

Rinne Chico gáire.

'Tá a fhios agat cad is brí leis an bhfocal '*refúgio*' in ainm an bhrú óige seo, nach bhfuil? Áit a dtéann daoine ar thóir suaimhnis, áit shábháilte nach gcuireann éinne isteach ort. Tearmann.'

'Tá a fhios,' a d'fhreagair Eoin.

'Tá freagra na ceiste agat mar sin. Rinne mé cinneadh i bhfad ó shin nach mbeadh ceangal idirlín sa teach agam. Cén fáth a dteastódh ó dhuine breathnú ar scáileán in áit chomh hálainn seo?'

D'fhéach Eoin amach an fhuinneog. Bhí moncaí beag bídeach ag rith sall is anall ar chraobh crainn; léim sé ar leac na fuinneoige agus bhain lán a dhá shúilín as Eoin. D'imigh sé leis arís tar éis soicind nó dhó, isteach sa chrann, amach as radharc. Chroith Eoin a cheann, ag gáire. Bhí pointe maith ag Chico, ach níor mhór dó ríomhphost a chur go Londain go práinneach.

Ba léir go raibh Chico tar éis a aigne a léamh.

'Más maith leat is féidir leat dul isteach go dtí an baile mór liom tráthnóna. Tá coinne agam i lár an bhaile ag a ceathair. D'fhéadfá do ríomhphost a sheiceáil i gcaifé idirlín éigin fad is a bheidh mise gafa.'

Shuigh siad isteach i veain VW den seandéanamh, nó 'Kombi' mar a thug Chico uirthi. Ní bheadh carr de chineál ar bith eile ag surfálaí, a shíl Eoin, ag gáire, culaith uisce agus píosaí éagsúla trealaimh á mbrú i leataobh aige le go mbeadh spás ann dá chosa.

Chuaigh siad an bealach céanna ar tháinig sé dhá lá roimhe. D'aithin Eoin stáisiún na mbusanna ar imeall an bhaile mhóir. Bhí sé a leathuair tar éis a ceathair faoin am ar pháirceáil Chico taobh amuigh d'fhoirgneamh mór coilíneach ar bhóthar na nduganna.

'Feicfidh mé anseo thú i gceann uair an chloig.'

Chuaigh Chico isteach. Bhí comhartha copair ar an mballa in aice leis an doras a raibh na focail 'Comharchumann na bhFeirmeoirí Cacó' greannta ann.

D'fhéach Eoin ina thimpeall. Chaith grian an ardtráthnóna solas órga ar sheanfhoirgnimh trí agus ceithe stór a péinteáladh i ndathanna spleodracha, ach níor éirigh leis taitneamh a bhaint as áilleacht na hailtireachta. Ag bun na sráide, thart ar dhaichead méadar ón áit a raibh sé ina sheasamh, bhí ceol ard ag pléascadh ó challairí fuaime i gcúl Fiat Uno dheirg. Bhí scata óganach ina seasamh timpeall ar an gcarr agus bhí foraois de bhuidéil bheorach agus ghloiní ar an díon.

Chuir an ceol a bhí ar siúl acu múisc ar Eoin: fear ag geonaíl i nglór srónach faoi chroí briste, méarchlár agus ríomhaire drumaí a mheabhródh an chuid is measa de na 1980idí do dhuine mar thionlacan. Bhain damhsa áiféiseach, gáirsiúil leis an gceol seo, ba léir. Bhí na fir óga á gcuimilt féin i gcoinne an chairr agus, i gcás amháin, i gcoinne dhuine den bheirt chailíní a bhí ina gcuideachta.

Chuir an radharc lagmhisneach ar Eoin. Uair an chloig ón áit seo, bhí cearta daonna á séanadh ar threibh bhundúchasach, ach shílfeá gur chuma sa sioc le muintir an bhaile mhóir seo faoi sin. D'fhógair an cailín eile sa ghrúpa ar Eoin agus chuir gothaí gáirsiúla uirthi féin le buidéal beorach.

'*Gringo*! Tar ag damhsa liom!' a bhéic sí.

Chroith Eoin a cheann agus shiúil sa treo eile, isteach i sráidín dhorcha. Ghéaraigh sé a choiscéim agus chas ar chlé ag an gcéad chúinne eile. Ba léir go raibh sé ar phríomhshráid an bhaile anois; bhí an tsráid dúnta do charranna ach bhí sí dubh le daoine.

Bhí ceol de gach uile chineál ag pléascadh as na siopaí. Caifé idirlín a bhí uaidh, ach ní raibh radharc ar bith ar cheann. Mar bharr ar an donas bhí sé dallta ag an ngrian ag dul faoi ag bun na sráide. Bhuail daoine ina éadan agus sheas siad ar mhéara a chos.

Baineadh geit as nuair a rug duine éigin ar a uillinn. Bhí sé réidh chun buille idir an dá shúil a thabhairt do ghadaí éigin, ach chonaic sé díreach in am gur cailín slachtmhar a bhí tar éis breith air. Bhí dath corcra ar a hingne agus ar a beola, dath a d'fheil go maith dá craiceann ciardhonn agus dá folt spleodrach *Afro*.

'Tar isteach go bhfeice tú ár siopa! Tá lacáiste ar bhrístí fada.'

Rud éigin ina súile a thug ar Eoin ligean di é a tharraingt isteach, ach thit a chroí nuair a bhí sé istigh. Siopa a bhí ann den chineál nach gcuirfeadh sé cos thar thairseach ann go brách sa bhaile; gnó teaghlaigh a raibh cos amháin san aois seo aige agus cos eile san uaigh.

Tharraing an cailín bríste donn ó raca agus rinne miongháire geal.

'Ceapaim go mbeidh an ceann seo go hálainn ort.'

Ní fhéadfadh Eoin diúltú di.

'Cá bhfuil an seomra feistis?'

'Ag bun an tsiopa,' a dúirt an cailín. 'Tá Portaingéilis mhaith agat. Cad as duit?'

'*Irlanda*,' a d'fhreagair Eoin. 'As Éirinn.'

Tháinig dreach an-sollúnta ar aghaidh an chailín.

'A Mhaighdean,' a dúirt sí. 'Tá súil agam go bhfuil do thír ceart go leor arís tar éis an tsúnámaí.'

D'imigh cúpla soicind thart sular thuig sé cad a bhí i gceist aici.

'Sin *Tailândia* a bhfuil tusa ag cuimhneamh air.'

'Ach tá an dá áit gar dá chéile nach bhfuil? Cá mhéad uair an chloig ar an mbus?'

'Ní dóigh liom go bhfuil aon bhus díreach ann.'

Rinne Eoin meangadh gáire béasach, rug ar an mbríste agus rinne ar an seomra feistis. Bhí oiread mearbhaill air go ndeachaigh an siopa ar fad as fócas. Cén cineál oideachais a fuair muintir na tíre seo ar chor ar bith? Ó bhain sé an Bhrasaíl amach dhá mhí roimhe sin, bhí Éire measctha suas ag daoine le *Holanda*, *Islândia* agus – an ceann ba mheasa ar fad –

Inglaterra. Agus anois *Tailândia*! Chuir an rud ar fad dúlagar air. An éireodh leis go brách ceisteanna ar nós féiniúlacht agus cearta talún a phlé le daoine a cheap go bhféadfadh duine taisteal ó Éirinn go dtí an Téalainn ar bhus?

Isteach sa seomra feistis leis. Bhí ionadh an domhain air nuair a tharraing sé an bríste a bhí roghnaithe ag cailín an tsiopa dó air féin. Dá laghad cur amach a bhí aici ar thíreolas, ba léir gur thuig sí cúrsaí faisin. Bhain sé an bríste de go sciobtha agus d'fhéach ar an lipéad a bhí ceangailte leis. Tríocha a cúig *real*, deich euro. Sladmhargadh.

D'fhág an cailín slán ag Eoin ag an doras, meangadh gáire uirthi a thug ar Eoin a cheapadh nach raibh beo ar chlár na cruinne ach iad beirt.

A mhalairt a bhí fíor, áfach. Bhí an tsráid fós plódaithe, cé go raibh na dallóga á dtarraingt anuas ag fostaithe roinnt siopaí cheana féin. Bhí an ghrian imithe faoi. Bheadh sé dorcha i gceann deich nóiméad.

Bheadh caiféanna idirlín oscailte istoíche, ach cá n-aimseodh sé ceann? Isteach i dtaobhshráid leis, timpeall cúinne, isteach i sráidín eile.

D'fhan sé ina sheasamh. Bhí slua mór daoine ina suí ar

chathaoireacha plaisteacha i ngaráiste ar an taobh eile den tsráid, cultacha néata ar an uile dhuine acu agus iomann á chasadh acu in ard a ngutha. Teampall soiscéalach, ba léir. Níorbh é seo an chéad uair ó tháinig sé go dtí an Bhrasaíl a thug Eoin faoi deara Réalta Dháiví mór ar bhalla cheann de na teampaill seo, péint ghorm ar chúlra bán. Thuig sé gur siombail den Tír Tairngire a bhí sa réalta, ach nár thuig na Soiscéalaigh seo go raibh ómós á thabhairt acu sa tslí seo d'Iosrael, tír a rinne cos ar bolg ar phobail eile?

Choinnigh Eoin air. Bhí drochspionn ag teacht air agus tuirse. Ansin, gan choinne, tháinig sé chomh fada le caifé idirlín. Chuaigh sé isteach agus d'iarr leathuair an chloig ar an bhfear óg a bhí i bhfeighil an tí.

'*Real* amháin.' Gan a shúile a bhaint den leathanach Facebook a bhí oscailte ar scáileán a ríomhaire chuir an leaid an bonn a thug Eoin dó i scipéad an airgid. 'Ríomhaire uimhir a deich, thall ag an mbealach isteach.'

Shuigh Eoin síos ar chathaoir phlaisteach. Rinne sé a dhícheall neamhaird a dhéanamh den chlampar a bhí ar bun ag triúr gasúr díreach in aice leis a raibh ríomhchluiche cogaíochta á imirt acu. 'Maraigh! Maraigh!' a bhéic siad.

D'oscail sé a chuntas ríomhphoist. Thóg sé tamall fada ar an leathanach lódáil. Sé cinn de theachtaireachtaí ó Dheirdre an chéad rud a chonaic sé. Maidin inné, ba léir, a sheol sí an ceann deireanach acu: 'AOINE AN CHÉASTA' an teideal a bhí air, i gceannlitreacha. Chuir sé tic sna boscaí in aice lena cuid teachtaireachtaí ar fad agus scrios iad gan iad a oscailt, mar a bhí déanta aige ó chaith sé a chárta SIM Tuaisceartach i mbosca bruscair ar Ascaill Botanic, leathchéad méadar óna hárasán, trí mhí roimhe sin.

D'aimsigh sé an teachtaireacht as Londain nár mhór dó a fhreagairt go práinneach. Chliceáil sé uirthi chun í a oscailt, ach díreach ag an bpointe sin múchadh soilse an chaifé idirlín agus scáileáin na ríomhairí ar fad. Lig na gasúir míle mallacht astu.

Lig Eoin osna agus shuigh siar, súil aige go dtiocfadh an leictreachas ar ais go luath, ach d'éirigh na gasúir ar fad agus ghlan siad leo amach an doras. Sheas an leaid a bhí i bhfeighil an chaifé idirlín in aice leis.

'Tá brón orm. Seo do *real* ar ais. Mhair an gearradh cumhachta deireanach cúig huaire an chloig. Nílim chun fanacht thart anseo go dtí go dtiocfaidh buíon gadaithe chun an áit a robáil.'

Rug Eoin ar mhála an bhríste agus d'fhág an caifé idirlín gan aon fhocal eile as. Bhí an tsráid dorcha tréigthe. Bhí gadhar ag tafann in áit éigin agus bhí daoine ag argóint go fíochmhar ag bun lána in aice leis an gcaifé idirlín.

D'fhéach sé ina thimpeall. Fiú dá mbeadh na soilse sráide ag obair, bheadh deacrachtaí aige an tsráid ar a raibh an Kombi páirceáilte a aimsiú. Bheadh Chico ag fanacht leis faoin am seo.

D'éirigh an argóint sa lána taobh leis an gcaifé idirlín níos fíochmhaire. Chuala Eoin coiscéimeanna sciobtha, daoine ag rith ó scliúchas éigin. Ní fhéadfadh sé fanacht anseo. Síos an tsráid leis, gan tuairim aige cá raibh sé ag dul. Ach bhí an t-ádh air: roimh i bhfad, mhothaigh sé boladh sáile ar an aer agus nuair a bhain sé bun na sráide amach, chuala sé tonnta ag briseadh. Chaithfeadh sé go dtabharfadh bóthar na trá chomh fada leis na duganna é, agus bhí veain Chico páirceáilte ansin.

Chas sé ar dheis. Ba léir go raibh an leictreachas imithe sa bhaile mór ar fad. Ní raibh aon ghealach ann. Ach go tobann, bhí fannsolas ag splancadh ar aghaidheanna na dtithe stórais le taobh an bhóthair, solas dearg soicind amháin agus solas gorm an chéad soicind eile. D'fhéach Eoin thar a ghualainn. Bhí jíp de chuid na bpóilíní ag druidim aniar leis. Géarú ar a choiscéim an chéad rud a rith leis ach dúirt guth éigin in íochtar a bhoilg gan sin a dhéanamh agus gan féachaint thar a ghualainn arís.

Ar luas seilide a thiomáin an jíp thairis. Bhí na fuinneoga íslithe. Bhí gunnaí láimhe faoi réir ag na póilíní a bhí ina suí i suíochán an phaisinéara agus ar an suíochán cúil. Bhí póilín ard gorm ina shuí ar ardán lastais an jíp, raidhfil uathoibríoch ullamh aige. Níor bhreathnaigh aon duine de na póilíní sa tsúil ar Eoin, ach cúpla soicind i ndiaidh dóibh tiomáint thairis, ghéaraigh an jíp ar a luas agus d'imigh léi.

Bhí a chroí fós ina bhéal nuair a d'aithin sé an foirgneamh a raibh Chico tar éis dul isteach ann. Is ea go deimhin, bhí an Kombi páirceáilte ansin. Bhí Chico ina sheasamh lena taobh ag caint le fear maol ramhar. Bhí argóint theasaí ar bun acu de réir cosúlachta ach tháinig deireadh lena gcomhrá a luaithe is a chonaic siad Eoin.

'Buíochas le Dia go bhfuil tú i gceart,' a dúirt Chico. 'Bhí imní ag teacht orm.'

Theastaigh ó Eoin a mhíniú nach raibh neart aige ar chúrsaí ach chuir na néaróga bac ar a chuid Portaingéilise. Thapaigh an fear ramhar an deis chun slán a fhágáil ag Chico.

'Tá tú linn, nó tá tú leat féin,' a dúirt an fear. Shuigh sé isteach i Land Rover dubh a bhí páirceáilte ar an taobh eile den tsráid, dhún an doras de phlab agus tharraing amach.

'Tá deoch uaim ina dhiaidh sin,' a dúirt Chico.

'Cé a bhí ansin?' a d'fhiafraigh Eoin.

'Seanchara.'

'Ní cheapfá é.'

'*Pois é*. Is féidir le cairde dearcadh éagsúil a bheith acu ar chúrsaí.'

Shiúil siad leo trí shráideanna dorcha nach raibh le cloisteáil iontu ach macalla a gcoiscéimeanna féin. Faoi dheireadh, bhain siad tábhairne amach a bhí ar oscailt in ainneoin an ghearradh cumhachta. Bhí coinnle lasta ar na boird ar an gcosán.

Shuigh siad síos agus d'ordaigh siad buidéal beorach agus dhá ghloine. Thaitin le hEoin an tslí ar sheas muintir na Brasaíle deoch dá chéile. In ionad buidéal an duine a cheannach, cheannaídís buidéal mór amháin agus d'iarraidís a oiread gloiní beaga is a bhí daoine sa chomhluadar. Ar an gcaoi sin ní éireodh an bheoir te, mar a tharlódh dá mbeadh a bhuidéal féin ag gach duine.

'*Saúde*,' a dúirt Chico agus a ghloine á hardú aige.

'Sláinte.'

Agus a ghob á fhliuchadh aige mhothaigh Eoin strus an tráthnóna ag imeacht uaidh. Faoin am ar ordaigh siad an dara buidéal bhí dearmad déanta aige ar an ríomhphost as Londain nár éirigh leis a fhreagairt agus faoin am a raibh an tríú buidéal faoin bhfiacail acu bhí scéal Dheirdre inste do Chico aige.

'Ní féidir liomsa breithiúnas a thabhairt ort,' a dúirt Chico, agus chaith siar bolgam mór. 'Ní fhaca mé mo bheirt mhac féin ó bhí siad ina ngasúir. Tá siad oibrithe liom agus an cead sin acu. Rinne mé feall ar a máthair. Ach tá súil agam go dtuigfidh siad mo thaobhsa den scéal lá éigin amach anseo.'

'Tuigfidh, tuigfidh, a luaithe is a bheidh siad féin sna fir,' a d'fhreagair Eoin.

Ag an bpointe sin, las soilse sa tábhairne agus sa tsráid. Bhí comhartha mór neoin crochta ar fhoirgneamh ar an taobh eile den tsráid. Croí dearg a bhí ann agus na focail 'Motel Ecstasy' thíos in íochtar, ceannlitreacha gáifeacha gorma. Bhí an chosúlacht ar an gcomhartha go raibh an gearradh cumhachta tar éis cur as dó; bhí an solas ag preabarnach go míshuaimhneach agus bhí dordán leictreach millteanach ag teacht uaidh.

'Tá súil agam nach bpléascfaidh an rud sin,' a dúirt Eoin.

Ar cheart dó úsáid a bhaint as an modh foshuiteach san abairt sin? Agus é á chéasadh féin leis an gceist sin, tháinig beirt bhan timpeall an chúinne. D'aithin sé duine acu ar an toirt: ba í sin cailín an tsiopa éadaí!

Bean sna tríochaidí a bhí sa bhean eile. Bhí gruaig chatach dhubh uirthi agus sciorta uaine fíorghearr, fíortheann a d'fhág cuma mhealbhacán uisce ar a mása. Mhoilligh an bheirt bhan ar a gcoiscéim; chuir cailín an tsiopa cogar i gcluas a cara. Léim Eoin ina sheasamh agus d'fhógair orthu.

'Ar mhaith libh deoch a ól linn?'

Bhreathnaigh an bheirt bhan ar a chéile. Bhí cogar eile eatarthu agus shuígh siad síos. Gan mhoill, thosaigh comhrá anamúil idir bean na más mealbhacánach agus Chico. Labhair sí ar luas meaisínghunna; bhí gáire aici a dhúiseodh na mairbh. D'éist Chico léi go foighneach ach ba léir d'Eoin go dtapódh a chara an chéad deis a gheobhadh sé chun póg a thabhairt di ar a béal – dá stopfadh sí ag caint ar feadh soicind.

Ní raibh an fhadhb sin aige féin. Uaireanta, ba bhuntáiste é nach raibh an Phortaingéilis go hiomlán ar a thoil aige. Nuair a thráigh tobar na mionchainte, d'fhéach sé isteach i súile almóinne chailín an tsiopa agus lig dá theanga an bac urlabhra a réiteach. Dhún sé a shúile le haoibhneas. Nuair a d'oscail sé arís iad, bhí na boird agus na cathaoireacha á dtabhairt isteach ag na freastalaithe.

'Tá an bus deireanach caillte againn anois,' a dúirt bean na más mealbhacánach. Bhí a béaldath dearg smeartha ar a smig féin agus ar smig Chico.

'Níl airgead tacsaí againn,' a dúirt cailín an tsiopa.

Sméid Chico a cheann i dtreo an chomhartha neoin a bhí ag caochadh ar an taobh eile den tsráid. 'Tá réiteach na faidhbe agam.'

6

Bhí cloigeann Eoin ag scoilteadh ach dhiúltaigh sé na piollaí paraicéiteamóil a bhí á dtairiscint dó ag Chico.

'Tá tionscal an leighis lofa go smior, nach bhfuil a fhios agat?'

Chuir Chico péire de na piollaí ina bhéal agus chaith siar iad le bolgam uisce.

Bhí siad ina suí i seomra bia an bhrú óige. Bhí siad tar éis an baile mór a fhágáil ag éirí na gréine; bhí dream oibrithe saotharlainne chun nimh a bhailiú ó na nathracha an chéad rud ar maidin. Dá bharr sin, ní raibh deis ag Eoin dul isteach i gcaifé idirlín sular bhuail siad bóthar, ach ba chuma leis faoi sin anois díreach. Bhí Chico chun síob a thabhairt dó fad leis an treibh bhundúchasach a luaithe is a d'imeodh lucht na saotharlainne. Bhí sceitimíní air. Chuirfeadh sé tús lena thaighde inniu; dhéileálfadh sé le Londain amárach.

Chuir bean an bhricfeasta plátaí le rollóga aráin, prátaí milse, plantáin bhruite, slisíní mealbhacáin uisce agus torthaí eile ar an mbord. Ansin chuaigh sí chuig an meaisín *espresso* agus rinne dhá chupán mhóra caife.

'Nár laga Dia thú, Adriana,' a dúirt Chico.

D'ardaigh Eoin a chupán lena bhéal agus rinne meangadh gáire.

'Beidh sé seo agam in ionad piollaí.'

Ní raibh an caifé ach díreach ólta ag Chico nuair a d'fhill bean an bhricfeasta chun a rá leis go raibh na hoibrithe saotharlainne tagtha. D'éirigh sé agus ghlan a bhéal.

'Bí réidh le himeacht i gceann uair an chloig. Beidh lá fada romhat. Is dócha go mbeidh ort do bhealach féin a dhéanamh ar ais.'

Thriomaigh Eoin é féin agus sheas os comhair an scatháin. Bhí an gearradh ar a smig ceilte faoi fhéasóg dhá lá, ach ba dhócha go mbeadh air í sin a bhaint. Ní bhfaigheadh sé an dara deis é féin a chur in aithne don treibh den chéad uair.

Ar an ábhar sin, ba dhócha gur cheart dó léine néata, bríste fada agus bróga leathair a chaitheamh. Nó, an ndéanfadh sé sin aon difear? An mbeadh nóisean ag na bundúchasaigh faoi nósanna faisin an duine ghil agus na cóid sóisialta a bhí fite fuaite leo? Agus cad faoina gcuid éadaí féin? An mbeadh sciortaí féir orthu? An mbeidís ag siúl thart lomnocht?

Den chéad uair ó shocraigh sé tabhairt faoin togra seo, rith sé le hEoin nach raibh ach na rudaí is bunúsaí ar eolas aige faoi na daoine a bheadh mar ábhar taighde aige as seo go ceann roinnt míonna. Níorbh é a gcultúr a mheall go dtí an áit seo é, ach a gcruachás.

Deich mbliana ó shin, bhí tearmann dá gcuid féin geallta ag rialtas na Brasaíle do threibh bhundúchasach an cheantair seo. Bhí daoine nár bhundúchasaigh iad ina gcónaí sa limistéar a bhí i gceist, áfach, agus bheadh orthu sin an ceantar a fhágáil. D'íocfaí cúiteamh le haon duine a chuirfí as seilbh, ach ní raibh úinéirí na dtailte a gealladh don treibh sásta a dtithe agus a bplandálacha a ghéilleadh. Thóg siad raic mhór. Mar thoradh air sin, bhí an rialtas ag tarraingt na gcos. Chuaigh na pleananna i bhfostú i muilte an mhaorlathais agus, roimh i bhfad, thuig an treibh go bhféadfaidís a bheith ag feitheamh lena dtearmann go lá an Luain.

Mar agóid i gcoinne mhoilleadóireacht an stáit bhí an treibh tar éis cuid bheag den limistéar a gealladh dóibh a ghabháil. Chuir siad an ruaig ar úinéirí na dtailte sin agus bhunaigh baile bundúchasach ann. Le teann díoltais, bhí tús curtha ag na húinéirí talún le feachtas imeaglaithe. Le dhá bhliain anuas, dúnmharaíodh beirt bhundúchasach is fiche.

Ba é an tasc a bhí roimh Eoin anois ná taighde a dhéanamh ar an gcoimhlint éagothrom seo agus cúnamh a thabhairt don treibh a gcearta daonna agus a gcearta talún a chosaint. D'fhliuch sé a aghaidh agus chuimil sobal bearrtha isteach ina chraiceann. Níor mhór dul i mbun oibre.

Lean siad bóthar an chósta. Ní i dtreo an bhaile mhóir a thiomáin siad ach sa treo eile. Tar éis tamaill ghearr chas siad isteach sa dufair. Bhain na poill sa bhóithrín cleatráil as an Kombi. Tar éis cúig chéad méadar, d'ardaigh cnoc ard rompu. Tharraing Chico isteach i leataobh ag bun an chnoic. D'fhág sé an t-inneall ar siúl.

'Tiontóidh mé an veain timpeall anseo. Níl ort ach an bóithrín seo a leanúint suas an cnoc.'

'Shíl mé go raibh tú chun mé a thabhairt chomh fada leis an treibh?'

'Níor thuig tú an scéal i gceart mar sin.'

'An bhfuil rud éigin as bealach déanta agam?'

Lig Chico racht gáire as.

'Níl ar chor ar bith! Cén fáth a ndeir tú sin?'

'Ná bac leis,' a dúirt Eoin, agus rug ar a mhála droma lae. Bhí mearbhall air, ach ní raibh sé chun am a chur amú le míthuiscint teanga anois.

'Suas an bóithrín seo agus ar aghaidh, a dúirt tú?'

'Sin agat é. Ní féidir dul amú.'

Sheas Eoin amach as an veain.

'Ba cheart go mbeinn ar ais roimh thitim na hoíche.'

Chas Chico an Kombi timpeall. Gan mhoill, d'imigh fothrom an innill i léig. Ar dtús, bhí Eoin bodhar ag an gciúnas. Ach, de réir a chéile, chuir an dufair í féin in iúl dá chluasa: giolcadh éan, dordán feithidí, sruthlú sruthán, drúcht sa chré thais.

Tharraing sé a mhála droma ar a ghuaillí agus shiúil leis. Ní raibh ach cúpla rud bunúsach sa mhála – peann agus leabhar nótaí, a ghuthán póca, ceamara, uachtar gréine – ach gan mhoill, bhí an t-allas ag sileadh lena dhroim. Bheadh a léine báite faoin am a mbainfeadh sé barr an chnoic amach; ghreamaigh láib dhonnrua dá bhróga leathair.

Bhain geonaíl feithide gar dá chluas preab as. Cad a bhí ansin? Thug sé leadhb dá leiceann féin. Nuair a d'fhéach sé ar bhos a láimhe bhí fuil uirthi. Ar ndóigh, bhí na hinstealltaí ar fad faighte aige – fiabhras buí, confaidh, heipitíteas A agus B – ach bhí fiabhras deinge, galar nach raibh instealladh ná leigheas ar fáil ina choinne, forleathan sa Bhrasaíl chomh maith. Míoltóga a scaip é, dála na maláire – galar nach raibh cosaint aige ina choinne ach an oiread toisc gur dúradh leis gur contúirtí an druga ná an galar féin. Bheadh air sprae frithmhíoltóg a cheannach i gcógaslann éigin, fiú má bhí a leithéid go dona don timpeallacht.

In airde a chuaigh an bóithrín, ag lúbadh ar ais air féin ó am go chéile faoi mar a bheadh biorán gruaige ann. Threabh Eoin leis tríd an bpuiteach leath-thriomaithe, súil ghéar aige ar an talamh ar eagla go seasfadh sé ar nathair. De bharr sin, ní fhaca sé comhartha adhmaid a bhí crochta ar chrann le taobh an bhóithrín go dtí go raibh sé ina sheasamh díreach os a chomhair.

'BAILE BUNDÚCHASACH. COSC AR DHAOINE NEAMH-BHUNDÚCHASACHA,' a bhí scríofa air i bpéint dhearg nach raibh triomaithe i gceart, ba léir, nuair a crochadh an comhartha den chrann.

D'fhan sé ina sheasamh ar feadh tamaill fhada, allas á phriocadh ina ascaillí. Ní fhéadfadh sé ach go raibh a fhios ag Chico go raibh an comhartha seo ann. Cad ina thaobh nach raibh rud ar bith ráite aige faoi?

Den chéad uair, bhuail tromchúis an togra a bhí idir lámha aige idir an dá shúil é. Ní ag léamh faoin gcoimhlint ar scáileán ríomhaire a bhí sé anois; bhí sé ina sheasamh ar pháirc an áir. Níorbh aon bhaol eisean don treibh – go deimhin bhí sé anseo chun cabhrú leo – ach ní raibh a fhios sin acusan. Dá siúlfadh sé leis thar an gcomhartha seo, an marófaí é sula mbeadh deis aige é féin a chur in aithne agus a phleananna a mhíniú? Fear geal a bhí ann tar éis an tsaoil, duine den chine a ghoid an mhór-roinn seo ó na daoine ar leo í agus a rinne sléacht ar a bhformhór leis an gclaíomh, le piléir agus le galair.

Ach b'Éireannach eisean! Nach ndearnadh an feall céanna ar na Gaeil agus a rinneadh ar bhundúchasaigh na mór-roinne seo?

Chuimhnigh sé ar chailín an tsiopa ansin, cailín an tsiopa inar cheannaigh sé an bríste a bhí á chaitheamh aige agus a bhí millte anois ag an bpuiteach. Má bhí duine óg i mbaile mór aineolach ar leagan amach na cruinne, an bhféadfadh bundúchasach i lár na dufaire a bheith eolach ar Éirinn agus a stair?

Stán sé ar an gcomhartha, ag cogaint a bheola. Tháinig fonn air iompú ar a shála agus an chéad eitleán a thógáil abhaile. Ní bheadh saol ródhona aige ag ionad marcaíochta a mhuintire; rachadh sé ag surfáil ag Aill na Searrach ar na laethanta a bheadh saor aige.

Chuaigh creathadh tríd a leag é, nach mór. Ní bheadh lá ar bith saor aige. Bhí leanbh ina broinn ag Deirdre. Bheadh sé ina sclábhaí ag an mbeirt acu.

Bhuail sé bosa a lámh in aghaidh a chéile os cionn a chinn. 'Alô! Alô!' a scairt sé in ard a ghlóir. 'An bhfuil éinne ansin?'

Splanc miotail, lasair chraicinn, gluaiseacht ghasta sa duilliúr. Sleamhnú, sciorradh, síos stoc crainn. Léim. Cliabhrach nocht ciardhonn, colainn chruachaol chicdhornálaí, cloigeann cruinn glanbhearrtha. Leathlámh i bpóca – greim ar ghunna, seans.

'Éireannach mé!' a bhéic Eoin.

Leath meangadh ó chluas go cluas ar aghaidh an fhir faire óig a bhí ina sheasamh os a chomhair. Bhí súile caola tláithghlasa aige a ghreamaigh Eoin den talamh. Bhain sé a dheasóg as póca a bhríste ghearr agus chroith lámh le hEoin.

'Fáilte go dtí ár dtearmann. Mise Tayrone.'

'Mise Eoin.'

'*Owing*? Céard a thug anseo thú, Owing?'

Níor éirigh le hEoin an creathadh a bhaint as a ghlór agus fáth a thurais á mhíniú aige. D'éist Tayrone leis go foighneach, ach d'fhan ina thost ar feadh tamaill sular fhreagair sé.

'Tá go maith. Tabharfaidh mé suas go dtí an baile thú le go labhróidh tú leis an *Cacique*, sin é ceannaire na treibhe. Ach tá ceist amháin agam ort ar dtús. Cé a thug anseo thú? Ar éigean a d'aimseodh fear as Éirinn an bóithrín seo leis féin.'

'Úinéir an bhrú óige ina bhfuilim ag fanacht,' a dúirt Eoin. 'Chico Gavião is ainm dó.'

Chúngaigh Tayrone a shúile faoi mar a bheadh an ghrian ag cur as dóibh, in ainneoin go raibh an ghrian i bhfolach taobh thiar den duilliúr tiubh. Chuir sé strainc air féin ansin agus chomharthaigh d'Eoin é a leanúint.

Lean siad an bóithrín go barr an chnoic; síos le fána leo ar an taobh eile. Níor labhair ceachtar acu. Bhí Eoin lán ceisteanna, ach bhí cuma chomh machnamhach sin ar Tayrone gur fhan sé ina thost. Tar éis cúpla nóiméad tháinig siad fad le riasc; ghéill an dufair slí d'fhéar ard biorach a bhí ag gobadh aníos as puiteach donnrua. Thuirling cuileog ar leiceann Eoin. Chuir sé an ruaig uirthi ach shuigh sí ar a shrón. Chroith sé a cheann go fíochmhar agus lig eascaine as.

Phléasc Tayrone ag gáire.

'Is maith léi do bholadh.'

Bhí réchúis nua i nglór an bhundúchasaigh, agus ba mhór an faoiseamh d'Eoin é. Den chéad uair, bhí sé de mhisneach aige féachaint isteach sna súile tláithghlasa.

'Cén aois thú?' a d'fhiafraigh Eoin.

'Tríocha a haon.'

'I ndáiríre? Ní dhéarfá é. Tá trí bliana agat ormsa, mar sin.'

Lean siad orthu tríd an bhféar ard, ach go tobann d'imigh an bóithrín as radharc faoi lochán riascach. Leathchéad méadar uathu, ar an mbruach thall, bhí baile beag teachíní láibe le feiceáil; bhí scata páistí ag imirt peile san áit ar éirigh an bóithrín báite aníos as an lochán.

'Táimid ann,' a dúirt Tayrone.

D'fhéach Eoin ar a bhróga néata agus ar a bhríste fada.

'Bain díot iad,' a dúirt Tayrone.

Bhí boladh bréan ón uisce agus bhí dath donn air. Cá bhfios cén doimhneacht a bhí sa lochán seo? Tháinig fuarallas le hEoin. An raibh snámh ag nathracha nimhe?

Bhain Tayrone na flip fleapanna de agus shiúil isteach sa lochán. Ní raibh rogha ar bith ag Eoin ach é a leanúint. Bhain sé a bhróga de, cheangail dá mhála droma iad agus tharraing cosa a bhríste aníos chomh fada lena ghlúine. Chuir sé céim isteach san uisce; tháinig an láib aníos idir mhéara a choise.

Ansin, lig sé scread as. Cad sa foc a bhí ansin? An sciorradh sciobtha sin in aice lena chos? Bhí péistín sleamhain dubh, cosúlacht súmaire fola air, tar éis lúbadh timpeall air féin i bhfaiteadh na súl, mar a bheadh sprionga ann.

Chas Tayrone timpeall. Leath meangadh gáire ar a aghaidh nuair a thuig sé cad a bhí tar éis tarlú.

'Bhain tú geit as an *ingongo* sin.'

'*In … gongo?*' Bhí an focal chomh gránna le craiceann glaech an ainmhí féin.

'Céadchosach.'

'An bhfuil sé nimhneach?'

'Mharódh sé luchóg mhór.'

Thóg Eoin coiscéim siar, amach as an uisce. Scrúdaigh sé an riasc. Níor chosúil go raibh bealach ar bith timpeall ar an lochán seo. Ar chlé agus ar dheis uaidh, shín an turlach chomh fada le radharc na súl.

'An bhfuil tú ceart go leor, Owing? Tá dath an bháis ort!'

Ón imigéin a tháinig glór Tayrone. Bhí Eoin bodhar ag dordán ina chluasa; bhain gile na spéire na súile as. An riasc, an dufair, na páistí a bhí ag béicíl ar an mbruach thall, an ollmhaidhm, smugairle an tseoil, an ríomhphost nár éirigh leis a fhreagairt, an leanbh a bhí á iompar ag Deirdre, comhartha neoin an óstáin ghrá – bhí míle íomhá ag preabarnach ina aigne.

'Tá, tá mé ceart go …'

Nuair a tháinig sé chuige féin bhí Tayrone ina shuí os a chomhair, ar a ghogaide, uisce á thairiscint aige dó ina lámha. D'ól Eoin bolgam. Thuig sé gur as an lochán riascach a tháinig an t-uisce, ach bhí tart damanta air agus thairis sin, ní raibh sé in ann diúltú do na súile glasa.

Thairg Tayrone tuilleadh uisce dó. Bhí blas cré air, ach ní raibh sé ródhona. D'ól sé cúpla bolgam eile.

'An teas atá ag cur as duit,' a dúirt Tayrone.

Ghlan Eoin a scornach.

'An teas agus na néaróga.'

'Na néaróga?'

'Ní … ní raibh mé in áit mar seo riamh.'

Thriomaigh Tayrone a lámha ar a bhríste gearr, rug ar ghuaillí Eoin agus bhreathnaigh díreach isteach ina shúile.

'Níor tháinig tú anseo gan chúis.'

D'fhéach Eoin ar an lochán.

'An bhfuil aon slí eile ann chun an baile a bhaint amach?'

'Níl.' Dhírigh Tayrone a mhéar áit éigin i bhfad uathu, straois ghlic ar a aghaidh. 'Líonamar an abhainn le clocha ag barr an easa. Ar shíl tú gurb iad muintir na hEorpa amháin a thóg mótaí cosanta?'

Tharraing Eoin anáil dhomhain, dhírigh a shúile ar na flaithis agus rinne a mhachnamh. Bhí an ceart ag Tayrone. Ní gan chúis a bhí sé tar éis taisteal leathbhealach timpeall an domhain. Bhí cearta daonna le cosaint; ní fhéadfadh sé ligean do rud beag láibe stop a chur leis. Bhain sé searradh as a ghéaga agus d'éirigh.

'Ar aghaidh linn.'

A luaithe is a shroich siad an bruach eile, rinne na páistí a bhí ag imirt peile ansin dearmad ar a gcluiche agus thosaigh siad ag damhsa timpeall ar Eoin. Ba léir nach bhfaca siad fear cosúil leis riamh ina saol.

'Cé hé seo? Cé hé seo?' a bhéic siad.

'Seo é Owing,' a dúirt Tayrone.

'

∃

Nuair nár stop na páistí ag béicíl, thug Tayrone cic mór millteach don liathróid. Rith siad ar fad ina diaidh. Lig Eoin osna faoisimh as.

'Ní maith leat páistí, an maith?' a d'fhiafraigh Tayrone, straois air.

'Is maith liom iad. I bhfad uaim!' a d'fhreagair Eoin, straois air féin.

'Glacaim leis nach bhfuil clann ort, mar sin.'

'Níl. Go fóill, pé scéal é. An bhfuil ort féin?'

Rinne Tayrone gáire agus shín amach a dhá lámh i dtreo an bhaile.

'D'fhéadfá a rá gurb é an tearmann seo mo bhabaí. Gabh i leith, taispeánfaidh mé an áit duit.'

Bhí ionadh an domhain ar Eoin. Ní raibh coinne aige leis an ord agus eagar go léir. Bhí sraitheanna néata de theachíní láibe ar gach aon taobh den bhóithrín ag síneadh i dtreo lár an bhaile. Bhí na teachíní ar fad mar a chéile: stór amháin, dhá sheomra, creatlach déanta as slata adhmaid a raibh láib thriomaithe eatarthu. Chonaic Eoin go raibh línte leictreachais crochta idir na teachíní. Chaithfeadh sé go raibh ceangal cliste déanta ag an treibh leis an bpríomhghréasán in áit éigin. Bhí cuid de na tithe fós á dtógáil. Mhínigh Tayrone go raibh gach duine páirteach i dtógáil gach tí agus gur leis an treibh, agus nár leis na teaghlaigh a bhí ina i gcónaí iontu, na tithe.

Bhí plásóg chruinn i lár an bhaile. Shín ceithre bhóithrín amach uaithi: ó dheas, siar, ó thuaidh agus soir. Bhí áras maorga i gceartlár na plásóige. Bhain Eoin lán a shúl as an bhfoirgneamh aduain. Struchtúr mór ba ea é, ach ní raibh ballaí ar bith ann; ní raibh ann ach díon coirceogach de sheamaidí pailme a leagadh anuas ar chreatlach slata agus cuaillí adhmaid.

'Sin é an *oca*, teach na treibhe,' a mhínigh Tayrone. 'Tá slí ann do mhuintir an bhaile ar fad nuair a bhíonn damhsa nó searmanas ar siúl.'

Ach ní ar an *oca* a rinne siad ach ar theachín láibe a bhí díreach trasna uaidh. Bhí an chuma cheannann chéanna air agus a bhí ar gach teach eile ar an mbaile.

'Seo teach an *Cacique*,' a dúirt Tayrone. Bhuail sé a bhosa ar a chéile.

Gan mhoill, d'oscail fear ard sna tríochaidí an doras. Ní raibh air ach bríste Beirmiúdach gáifeach buí agus bándearg. Ní raibh radharc ar bith ar fheisteas traidisiúnta, ar cheannbheart cleití ná ar shuaitheantais ar bith eile, ach fiú dá n-uireasa sin thuig Eoin ar an bpointe boise gurbh é seo ceannaire na treibhe é féin, seachas giolla éigin. Ba léir ar sheasamh uaibhreach an fhir agus ón mórtas ina shúile gur de shliocht uasal é; d'fhág an todóg lasta a bhí á coinneáil idir ordóg agus corrmhéar aige – agus a bhí ar an dath ceannann céanna lena chraiceann – cuma an rí air. Shín Eoin a dheasóg amach chun lámh a chroitheadh leis, ach chroith an *Cacique* a cheann, chuir a lámh shaor timpeall ar ghuaillí Eoin agus d'fháisc lena ucht é.

'Seo mar a bheannaímid dá chéile anseo.'

Sméid sé i dtreo trí stól adhmaid díreach taobh amuigh den doras agus d'ordaigh d'Eoin agus do Tayrone suí síos.

'Anois,' a dúirt an *Cacique*, nuair a bhí sé féin ina shuí, a uillinneacha ar a ghlúine aige agus a lámha fillte le chéile faoina smig. 'Abair leat.'

D'inis Eoin a scéal. Bhain na néaróga tuisle as a theanga arís is arís eile; nuair a bhí sé críochnaithe, bhí an t-allas ag sileadh lena bhaithis.

Tharraing an *Cacique* ar a thodóg agus lig don ghal éirí sa spéir i bputh mhall fhada. Níor labhair sé go dtí go raibh an todóg nach mór caite aige.

'Ní fheicim fadhb ar bith leis sin. Agus má ligtear duit feachtas idirnáisiúnta a bhunú ar ár son is amhlaidh is fearr é. Teastaíonn cúnamh ón taobh amuigh uainn; ní éisteann éinne linn sa tír seo.'

Mhúch sé a thodóg i gcré dhonnrua na plásóige agus d'éirigh, deifir air go tobann.

'Gabhaigí mo leithscéal anois, ach tá gnó oifigiúil le déanamh agam ar ball.' Chuimil sé a lámh dá fholt catach. 'Caithfidh mé mé féin a réiteach. Ach fanaigí soicind.'

Chuaigh an *Cacique* isteach ina theachín ach d'fhill sé láithreach, greim le hithe ina lámh aige d'Eoin agus do Tayrone: bia éigin a bhí fillte i nduilleog bhanana, rollóg an duine.

'Ní mórán é, ach ná bíodh sé le rá in Éirinn nach bhfuil béasa againn!'

D'fhág siad slán ag an *Cacique* agus shuigh siad síos ar bhinse san *oca*, faoi scáth dhíon na seamaidí pailme. Bhain Eoin an duilleog bhanana dá rollóg agus bhain plaic as an taos tiubh bán a bhí istigh ann. Bhí blas leamh air ach ba chuma leis faoi sin; bhí ocras an domhain air tar éis eachtraí na maidine agus dhéanfadh rud ar bith cúis.

'Cad é seo, pé scéal é?'

'*Pamonha*,' a dúirt Tayrone. 'As casabhach a dhéantar é.'

'Cad é casabhach?'

Bhreathnaigh Tayrone ar Eoin amhail is go raibh dhá chloigeann air.

'Céard a itheann sibhse in Éirinn?' D'éirigh sé de léim agus tharraing Eoin ina dhiaidh sula raibh deis aige sin 'prátaí' a rá. 'Taispeánfaidh mé teach an chasabhaigh duit.'

Lean siad an bóithrín siar ón bplásóg agus stad siad ag bothán ag bun an bhóithrín ar fad. Ach an oiread leis an *oca*, ní raibh ballaí ar bith ar an mbothán; ní raibh ann ach díon de dhuilleoga pailme a leagadh ar chreatlach de shlata adhmaid.

Bhí scata ban ina suí faoin díon, an craiceann á bhaint de mheacain mhóra dhonna acu le sceana. Bhí scéal grinn éigin á insint ag duine acu, seanbhean sheang sheargtha.

Níor thug na mná aon aird ar Eoin agus Tayrone, cé nach raibh amhras ar bith ar Eoin go raibh siad feicthe acu. Ach stop buachaill óg a bhí ag lámhacán idir cosa na mban agus na meacain, stop sé agus stán ar Eoin.

Bhí cailín óg ag baint lán a súl mór, dorcha as freisin. Bhí bábóg á fáisceadh lena hucht aici, bábóg nocht. Ba mhór an difríocht idir craiceann plaisteach na bábóige, a bhí ar aon dath le craiceann Eoin, agus craiceann ciardhonn an chailín.

'Casabhach an barr is tábhachtaí a fhásaimid.' Bhain glór

Tayrone geit as Eoin. 'Bainimid torthaí sa dufair. Bhí cearca againn, ach tá scata seabhac tar éis creach a dhéanamh orthu sin. Tiocfaidh feabhas ar an soláthar bia le himeacht ama, le cúnamh Dé.'

'Le cúnamh Tupā,' a dúirt cailín na bábóige.

Mhuirnigh Tayrone folt catach, dubh an chailín.

'Le cúnamh Tupā, tá an ceart ar fad agat.'

Níor fhreagair an cailín. Bhí an bhábóg á luascadh ó thaobh go taobh aici.

Ghearr duine de na mná na meacain ina leadhbanna cothroma le buillí láidre dá scian mhór. Bhain na mná eile an craiceann díobh. Bhí na leadhbanna a raibh an craiceann bainte díobh cosúil le cnámha, bhí siad chomh bán sin.

'Déantar na meacain ghlanta a scríobadh agus a chur ar maos in uisce ar feadh lá nó dhó. Ansin fáisctear an t-uisce amach astu agus déantar plúr as a bhfuil fágtha,' a dúirt Tayrone.

Go tobann, tharraing an cailín óg an cloigeann dá bábóg le gluaiseacht fhíochmhar. Plab! D'ardaigh sí an cloigeann i lámh amháin agus an corp beag sa lámh eile agus d'fhéach idir an dá shúil ar Eoin.

'Dána!' a dúirt sí.

Lean na mná ar aghaidh lena gcuid oibre, ag leadhbadh agus

ag scríobadh.

Chonaic Tayrone an fhéachaint i súile Eoin agus leag a lámh ar a ghualainn.

'Leanfaimid orainn.'

Shiúil siad ar ais i dtreo na plásóige i lár an bhaile. Bhí aigne Eoin fós i dteach an chasabhaigh, á céasadh ag an gcailín aisteach sin agus a bábóg, ach gan mhoill bhí ruathar íomhánna, fuaimeanna agus bolaí nua chuige.

Líon boladh cumhra polláirí a shróine. Torthaí glasa a bhí tar éis titim ar an talamh ba chúis leis, ba léir. Bhí sé cinnte go raibh na torthaí seo feicthe aige in áit éigin cheana, ach thóg sé tamall air iad a aithint toisc go raibh siad níos lú agus níos glaise ná na cinn in ollmhargaí na hÉireann. Mangónna! Rug sé ar cheann acu agus chuir lena shrón é. Thug sé sracfhéachaint ar Tayrone.

'Coinnigh ort!' a dúirt seisean. 'Is le gach duine gach rud sa bhaile seo.'

Thiontaigh Eoin an mangó timpeall ina mhéara, d'fhéach air ó gach taobh. Ní raibh scian aige.

Phléasc Tayrone ag gáire. 'Nach bhfuil fiacla agat?'

Rug sé ar mhangó eile, ghlan an craiceann ar a bhríste gearr agus bhain plaic as.

Lean Eoin a shampla. Bhí blas géar ar an gcraiceann glas ach bhí blas milis, fiáin ar an mbia buí nárbh ionann beag ná mór agus blas mhangónna ollmhargaí na hÉireann. Leath straois ó chluas go cluas air; shil an sú tiubh síos lena smig.

'Dochreidte!'

D'ith sé an mangó ar fad agus rug ar cheann eile. Bhí na crainn os a gcionn lán leo.

Bhain siad an phlásóg amach go gairid ina dhiaidh sin. Stad siad taobh amuigh de scoil na treibhe. Ní raibh inti ach seomra ranga amháin ach murab ionann agus foirgnimh eile an bhaile bhí ballaí cloiche uirthi.

A luaithe is a chuir Eoin cos thar thairseach bhí an áit ina cíor thuathail. Chas na daltaí ar fad thart sna binsí adhmaid – buachaillí agus cailíní idir a cúig agus cúig bliana déag d'aois, sé nó seacht nduine dhéag san iomlán. Dhírigh buachaill amháin, leaid téagartha sna déaga, a mhéar air. '*Gringo!*' a bhéic sé.

'Owing an t-ainm atá ar an bhfear seo, a chlann,' a dúirt Tayrone. 'As Éirinn dó agus tá sé chun staidéar a dhéanamh orainn.'

Idir an dá linn, bhí grinnstaidéar á dhéanamh ag an rang ar Eoin.

'An gcuireann tú dath i do chuid gruaige?' a d'fhiafraigh buachaill de. Bhí folt air féin a mheabhraigh folt Jimi Hendrix d'Eoin.

'Ní chuirim. Seo an dath atá ar mo chuid gruaige go nádúrtha.'

Phléasc an rang ag gáire.

'Tá caint aisteach aige, a mháistreás!'

Cailín sna déaga a labhair. Bhí t-léine i bhfad rótheann uirthi agus rinne Eoin a sheacht ndícheall gan stánadh uirthi.

'As Éirinn don fhear seo. Labhraíonn na daoine Béarla ansin.' Dhírigh an múinteoir, a bhí ina seasamh i lár an tseomra ranga, a cuid cainte ar Eoin ansin. 'Fáilte go dtí ár scoil. Ná tabhair aon aird ar an dream fiosrach seo, le do thoil. Ní minic a thagann cuairteoirí chugainn.'

Tháinig sí chomh fada le hEoin, chroith a lámh agus thug dhá phóg ar a leicne dó mar ba ghnách sa Bhrasaíl. Níor spéirbhean í – róthanaí, róghéagach – ach bhí rud éigin faoina haghaidh a mheall a aird. Ba thrua na spéaclóirí saora miotail sin. Ach na súile tláithghlasa taobh thiar díobh a chuir faoi gheasa é, cá raibh siad sin feicthe roimhe seo aige?

'Mise Tainá,' a dúirt sí agus leag a lámh ar ghualainn Tayrone. 'Deirfiúr mór an phleidhce seo.'

Dhírigh sí a droim agus chuir glór an mhúinteora uirthi féin arís.

'Anois Owing, ar mhaith leat a thaispeáint don rang cárb as thú?'

Shiúil sí fad le léarscáil a bhí crochta in aice leis an gclár dubh, a tóinín ag luascadh ó thaobh go taobh faoina gúna glas síonchaite ar dhóigh a thug ar Eoin a shúile a choinneáil dírithe ar urlár an tseomra ranga go dtí gur bhain sé an léarscáil amach. Chuir sé a mhéar ar Éirinn. Chlúdaigh barr a mhéire an t-oileán ar fad.

'Seo an áit arb as mé.'

Rinne an rang gáire arís. Arbh é a bhlas ba chúis leis? Mhothaigh sé go raibh sé ag éirí dearg san éadan.

'Dúirt an múinteoir go labhraíonn muintir na hÉireann Béarla. Tá sé sin fíor, ach tá ár dteanga féin againn freisin. Rinne na Sasanaigh ...'

Bhris Tainá isteach air, sceitimíní uirthi, ba chosúil, faoin ábhar comhrá a thionscain Eoin.

'Tá teanga dár gcuid féin againne freisin,' a dúirt sí. 'Comhairigí óna haon go dtí a deich, a rang!'

Bhéic na gasúir na huimhreacha amach in ard a ngutha. Mheabhraigh na focail screadanna éanlaith na dufaire d'Eoin.

Fíoréin ba chúis leis an ngleo ar an mbóithrín ó thuaidh ón bplásóg. Bhí pearaicítí gealghlasa agus pearóidí móra, gorma ag sciurdadh siar is aniar idir na crainn. Rith sé le hEoin nach raibh éin den chineál sin feicthe lasmuigh d'éanadán aige riamh. Bhí siad saor anseo.

Ar an gcaoi chéanna, ba léir go raibh muintir an bhaile seo saor ón gcur i gcéill a bhain le saol na cathrach. Éadaí saora simplí a chaith na mná; níor bhac duine ar bith de na fir le léine. D'fhéach Eoin ar a léine néata féin. Ar éigean a bhí snáth tirim fágtha inti.

'Ar mhiste leat dá mbainfinn í seo díom?'

Níor fhan sé ar fhreagra; ní raibh á chaitheamh ag Tayrone féin ach bríste gearr. Cheangail Eoin a léine timpeall a choim. Mhuirnigh grian an ardtráthnóna a chraiceann, chigil leoithne ghaoithe a chliabhrach. Gheall sé dó féin nach gcaithfeadh sé léine néata go deo arís.

D'oscail Tayrone canna beorach agus thug d'Eoin é. D'oscail sé canna eile dó féin.

'Saúde!'

'Sláinte!' a d'fhreagair Eoin, agus d'fhliuch a bhéal.

Bhí siad ina suí ar thairseach an teachín láibe mar a raibh cónaí ar Tayrone agus a dheirfiúr. Ar ball, chuir Tainá dhá phláta phlaisteacha os a gcomhair. Bhí bia aisteach orthu: stobhach tiubh ar dhath spionáiste a raibh blúire beag feola nó dhó ar snámh ann. Bhí boladh láidir, folláin ón mbia. Thug sí babhla beag plaisteach d'Eoin a raibh plúr garbh, buí ann agus d'fhill ar an gcistin, a bhí ar chúl an tí. Ní raibh tuairim ag Eoin cad a dhéanfadh sé leis an bplúr.

'*Farinha*,' a dúirt Tayrone, amhail is go míneodh sé sin gach rud.

'Cad é?'

'Plúr casabhaigh! Nach cuimhin leat go rabhamar ag teach an chasabhaigh ar ball? Meascaimid an plúr seo tríd an mbia. Cuireann sé cothú sa bhreis sa bhéile.'

Chroith Eoin rud beag plúir thar an mbia ar a phláta agus d'ardaigh spúnóg lena bhéal. Ní raibh blas ar bith ar an bplúr, ach bhí an stobhach go deas.

'Cad é an stuif glas?'

'*Maniçoba*,' a dúirt Tayrone. 'Stobhach déanta as duilleoga an chasabhaigh. Tá siad sin nimhneach, an raibh a fhios agat é sin?'

Reoigh lámh Eoin leathbhealach idir a phláta agus a bhéal.

'Tá tú ag magadh fúm, nach bhfuil?'

Ba bheag nár lig Tainá, a bhí ar a bealach anall ón gcistin lena béile féin, dá pláta titim le teann gáire nuair a chonaic sí aghaidh Eoin.

'Ná bí buartha. Bhruith mé thar oíche iad chun an nimh a bhaint astu.'

D'éirigh Tayrone agus shuigh Tainá síos in aice le hEoin. Ní raibh mórán slí ar thairseach an tí agus theagmhaigh a gceathrúna agus a n-uillinneacha lena chéile, ach níor chorraigh ceachtar acu chun breis spáis a thabhairt don duine eile.

'D'fhéadfá mé a mharú leis an mbia sin,' a dúirt Eoin, tuin chrosta, mar dhea, ar a ghlór.

Rinne Tainá gáire. 'Cén fáth a ndéanfainn sin?'

Bhí rún ina súile a d'aithin Eoin agus d'fhreagair sé lena shúile féin.

Ghlan Tayrone a bhéal le droim a láimhe agus chuir a phláta síos in aice leis an doras.

'Tá ormsa dul chuig cruinniú i dteach an *Cacique*. Meas tú an bhfuil sé sábháilte an bheirt agaibh a fhágáil libh féin?'

Thug Tainá cic magúil do rúitín a dhearthár.

'Leibide!'

Lig Tayrone scairt gháire as agus d'imigh leis i dtreo na

plásóige, gan air ach a bhríste gearr, in ainneoin go raibh an ghrian imithe i bhfolach taobh thiar de na crainn.

Ag bun an bhóithrín ar fad a bhí teachín Tayrone agus Tainá; ba mheall mór dorcha í an dufair ar thaobh na láimhe clé. Gan mhoill, d'fhógair na ciocáidí a chónaigh san fhoraois titim na hoíche lena ndordán. D'fhan Eoin agus Tainá ina suí ar thairseach an tí, ag éisteacht leo.

Tar éis tamaill, tháinig seanbhean agus seanfhear amach as an teachín díreach trasna an bhóithrín. Shiúil siad i dtreo an bhaile ar a mbogadam. Ní raibh siad cosúil le Tayrone agus Tainá; bhí dath níos gile ar a gcraiceann.

'An bhfuil bhur dtuismitheoirí ina gcónaí anseo freisin?' a d'fhiafraigh Eoin.

'Tá siad marbh,' a dúirt Tainá.

Thug Eoin le tuiscint le sméideadh a chinn nár mhaith leis a trioblóid.

'Fuair mo mháthair bás arú anuraidh,' a dúirt Tainá. 'An lá a rinneamar athghabháil ar an áit seo. Bhí sí chomh buartha fúm féin agus faoi Tayrone go bhfuair sí taom croí.'

D'fhéach Eoin uirthi, ar a craiceann mín, ar a hingne dearga, ar an meangadh brónach ar a beola. Níor rith sé leis riamh go nglacfadh mná páirt in athghabháil thailte dúchais na treibhe. Shamhlaigh sé bogha agus saighead i lámha míne, dea-mhaisithe Tainá. Chuir an smaoineamh idir dhinglis agus cháithníní ar a chraiceann.

'Cad faoi bhur n-athair?' a d'fhiafraigh sé.

D'fhéach Tainá i leataobh uaidh, i dtreo na dufaire, agus d'fhan ina tost. Níor fhreagair sí nuair a d'fhiafraigh Eoin di, tar éis tamaill, an raibh sí ceart go leor. Nuair a chuir sé a lámh ar a gualainn mhothaigh sé go raibh sí ag gol. Gan a fhios aige cad eile a dhéanfadh sé, shlíoc sé a cuid gruaige. Bhí a cuid gruaige chomh dubh leis an oíche ina dtimpeall agus bhí sí mín agus díreach – mín agus díreach ar shlí, a shamhlaigh Eoin, nach mbaineann ach le gruaig bhundúchasaigh. Lig sé do na ribí sileadh idir a mhéara mar a bheadh leacht luachmhar ann, síoróip shíoda as tobar gan tóin.

Nuair a bhí na ciocáidí ina gcodladh agus ciúnas i réim, d'éirigh Tainá ina seasamh agus thriomaigh a súile. Rug sí ar lámha Eoin, rinne iarracht é a tharraingt aníos.

'Gabhaimid isteach.'

D'éirigh Eoin, mearbhall air.

'Tá brón orm, níor theastaigh uaim ...'

Chuir Tainá a dá lámh ar chúl a chinn, d'fháisc chuici é, phóg é.

'Gabhfaimid isteach.'

'Ach do dheartháir… Agus dúirt mise go mbeinn ar ais sa bhrú óige …'

Chuir Tainá a méar ar a bheola.

'Gabhfaimid isteach.'

8

Bhí beirt turasóirí ina suí ag bord adhmaid lasmuigh den bhrú óige. Iodálaigh, ba léir óna gcaint. Beirt fhear sna fichidí luatha, spéaclóirí gréine a raibh cuma chostasach orthu ar an mbeirt. Bhí siad sáite sna léarscáileanna agus sna treoirleabhair a bhí leagtha amach ar an mbord acu ach stad siad dá bhfuadar pleanála nuair a chonaic siad Eoin ag druidim le doras an bhrú óige. Bhain siad lán a súl as, amhail is gur thuig siad nach raibh sé cosúil leosan beag ná mór. Ba ghéar a mhothaigh Eoin féin an difríocht a dhealaigh ó na hIodálaigh é. Níor thurasóir riamh é, ar ndóigh. Ach ní taistealaí a bhí ann a thuilleadh ach an oiread. Gníomhaí a bhí ann anois. Ní raibh sé anseo chun féachaint ar an tírdhreach. Bhí sé anseo chun a lorg a fhágáil.

Bhí trí chlár surfála ina seasamh i gcoinne bhalla an bhrú óige. Chaithfeadh sé go raibh an tríú hIodálach ann. Is dócha go raibh sé sin fós sa seomra folctha, a fhéasóg á bearradh go healaíonta aige, nó rogha á déanamh aige idir seacht gcineál cumhrán.

Díreach nuair a rug Eoin ar mhurlán an dorais chun é a oscailt, osclaíodh an doras ón taobh istigh. Tháinig Chico amach, trí chupán *espresso* ar thráidire aige. Thug sé nod gonta d'Eoin agus shuigh síos leis an mbeirt Iodálach. Mheasc sé trí spúnóg siúcra tríd an gcaife agus chuir an cupán lena bheola, ceisteanna na nIodálach á bhfreagairt aige i bPortaingéilis réidh, shoiléir.

D'fhan Eoin ag an doras, ag ceapadh go dtiocfadh Chico chun cainte leis a luaithe is a bheadh a chaife caite siar aige, ach bhí iomlán a airde ar na hIodálaigh aige. Ba léir go raibh a gcomhrá sin níos suimiúla ná na scéalta a bhí ag Eoin faoi bhaile na mbundúchasach.

Chuaigh sé suas an staighre go dtí a sheomra, bhain a chuid éadaí de agus sheas faoin gcith. Buaileadh cnag ar an doras nuair a bhí sé á thriomú féin. Tharraing sé a bhríste air féin go tapa agus d'oscail an doras.

Ba léir go raibh drochspionn ar Chico.

'Bhí mé buartha fút. Dúirt tú go mbeifeá sa bhaile roimh thitim na hoíche. Bhí mé ar tí glaoch ar na póilíní.'

'Tá brón orm,' a dúirt Eoin. Chas sé a cheann i leataobh le go bhfeicfeadh Chico lorg na póige a bhí fágtha ag Tainá ar a mhuineál. 'Tharla rud nó dhó aréir.'

'Feicim sin.'

Leath meangadh gáire ar aghaidh Chico. Ina ainneoin féin, a mheas Eoin.

'Tá brón orm dáiríre. Ba cheart dom glaoch a chur.'

'Tá go maith,' a dúirt Chico. 'Is léir go raibh rudaí níos tábhachtaí idir lámha agat. Gabh i leith, tá mé chun an bheirt Iodálach sin a thabhairt amach chuig Havaiana de Pau ar ball beag. Tá fáilte romhat teacht linn.'

'Chaill mé mo chlár surfála an lá sin, nach cuimhin leat?'

'Tá seanchlár agam a d'fhéadfá a úsáid.'

Rinne Eoin a mhachnamh ar feadh tamaill. Bhí an mhaidin go hálainn agus bhí fonn millteach air a thaispeáint do Chico – agus dó féin – nach raibh an ceann is fearr faighte ag an ollmhaidhm air, ach bhí obair le déanamh aige.

'B'aoibhinn liom, ach ní mór dom dul chuig caifé idirlín chun mo chuid ríomhphoist a sheiceáil.'

Thochail sé an t-airgead a bhí fágtha aige amach as póca a bhríste agus chomhair é: nóta ar chúig *real* agus trí bhonn ar *real* amháin. Bhainfeadh sé an baile mór amach ar an méid sin.

'An mbeifeá in ann síob a thabhairt dom chomh fada le stad an bhus?'

Trí *real* a bhí ar an mbus. Sheas Eoin amach ag stáisiún na mbusanna ar imeall an bhaile mhóir agus lean an slua i dtreo an láir. Am lóin a bhí ann; bhí na sráideanna plódaithe agus na bialanna chomh maith. Gheobhadh sé greim le hithe ar ball. Banc ar dtús, caifé idirlín ansin.

Tar éis dó ceathrú uair an chloig a chaitheamh i scuaine, ba é a sheal é triail a bhaint as ceann den dá mheaisín bainc nach raibh as feidhm san aon bhanc amháin sa bhaile mór a ghlac le cártaí bainc ón iasacht. Sháigh sé a chárta isteach. 'Portaingéilis' a roghnaigh sé in ionad 'Béarla'.

D'iarr sé trí chéad *real*. Ach tar éis dó a uimhir aitheantais phearsanta a chur isteach thaispeáin an scáileán teachtaireacht earráide: 'Níl dóthain airgid sa chuntas chun an t-iarratas seo a cheadú.'

Theilg an meaisín an cárta bainc amach.

D'impigh Eoin cabhair ar na flaithis, chuir an cárta isteach arís agus bhain triail as suim níos lú: dhá chéad. Ach arís, dhiúltaigh an meaisín dón tsuim sin. Céad, mar sin. Caoga. Tada. Fiche. Tada. Deich. Tada. Lig Eoin eascaine uaidh agus d'fhág an banc.

Theastaigh caifé idirlin uaidh go tapa. Bhí an t-ádh leis: bhí ceann díreach trasna na sráide ón mbanc. D'fhógair comhartha san fhuinneog go raibh uair an chloig ar fáil ar dhá *real*.

Ba é a chuntas bainc a sheiceáil an chéad rud a rinne sé. Díreach mar a shamhlaigh sé: bhí an uasteorainn rótharraingte sáraithe aige. Logáil sé amach agus d'oscail a chuntas ríomhphoist.

Ní raibh aon teachtaireachtaí nua ann ó Dheirdre, rud a chuir iontas air. Sciorr a shúile síos an scáileán le go n-aimseodh sé an ríomhphost sin as Londain nár éirigh leis a fhreagairt fós, ach sular tháinig sé fad leis chonaic sé teachtaireacht nua ón eagraíocht. D'oscail sé í – agus d'oscail an talamh faoina chosa.

A Eoin,

Is iomaí seans agus síneadh ama atá tugtha againn duit, ach is léir dúinn ag an bpointe seo, agus ó d'iarramar ort a dheimhniú ar chasadh an phoist go raibh tús curtha agat le do thaighde, gur duine tú nach féidir lenár n-eagraíocht brath air.

Is oth linn a chur in iúl duit gur chinneamar an scoláireacht a bronnadh ort a chur ar ceal.

Ní dhéanfar aon athbhreithniú ar an gcinneadh seo.

Ní íocfar aon ghálaí eile den scoláireacht leat agus iarrfar ort an méid a íocadh cheana a aisíoc ar an bpointe boise. Déanfaidh an rannóg chuntasaíochta teagmháil leat maidir leis seo.

Idir an dá linn, is mithid dúinn a chur in iúl duit nach ceadmhach duit aon úsáid a bhaint as an gceangal a bhí eadrainn agus tú sa Bhrasaíl.

Is sinne, …

Ghearr an bhean a bhí i bhfeighil an chaifé idirlín luach uair an chloig ar Eoin. Nóiméad nó dhó ar a mhéad a bhí caite ag an ríomhaire aige, ach bhí sé róchorraithe chun raic a tharraingt faoi. Thug sé an nóta cúig *real* di. Chomhair an bhean an tsóinseáil amach: dhá bhonn *real* amháin agus ceithre cinn ar fhiche a cúig *centavos*. Sin a raibh fágtha sa saol aige anois – a dhóthain díreach don táille bus ar ais go dtí an brú óige.

Amuigh sa tsráid, chonaic Eoin na sluaite ag filleadh ar a gcuid oibre tar éis an lóin. Bhí a bholg féin folamh. D'fhan sé ina sheasamh ag crosbhóthar, ag machnamh faoin gcruachás ina raibh sé – más cruachás a bhí ann dáiríre: bhí sé leis féin i mbaile mór strainséartha gan ina phóca ach táille an bhus, ach bhí éadroime ina cheann, an éadroime chéanna a mhothaigh sé an lá a tharraing sé doras árasán Dheirdre ina dhiaidh don uair dheireanach.

Ní raibh anseo ach casphointe eile. Bhí sé saor – saor lena rogha cor a chur ina chinniúint féin.

Ach bleaist air! Cén fáth ar chuimhnigh sé ar Dheirdre? Anois ní raibh sé in ann í a ruaigeadh as a cheann! Cinnte dearfa bheadh sí sin tar éis dul i dteagmháil lena thuismitheoirí faoin am seo. Dá gcloisfidís sin faoin scéal, chuirfidís ar an gcéad bhus go Béal Feirste é chun a shaol a chur amú ar bhean agus ar pháiste nach raibh uaidh.

Bhí filleadh ar Éirinn as an áireamh.

Ach cad a bheadh i ndán dó sa Bhrasaíl? Cad a chuirfeadh greim ina bhéal sa tír seo gan cheadúnas oibre aige ná aon cheann de na doiciméid eile a d'iarrfaí air? Ranganna Béarla? Mangaireacht drugaí? A chuid a shaothrú mar striapach fir? Tháinig masmas air. Nó, arbh é an t-ocras ba chúis leis na réiltíní beaga, geala a bhí ag splancadh os comhair a shúl?

Thosaigh aghaidheanna dorcha, aduaine mhuintir an bhaile mhóir ag guairdeall ina thimpeall; gan mhoill, bhí sé á shú isteach i bpoll dubh gan deireadh. Ach ansin rug duine ar a uillinn, á tharraingt ar ais i dtreo sholas an lae.

'An bhfuil tú ceart go leor?'

An cailín freastail ón siopa éadaí a bhí ann. Níor thug Eoin faoi deara go dtí anois go raibh sé ina sheasamh díreach trasna na sráide ón siopa inar cheannaigh sé an bríste an lá cheana.

'Caithfidh mé rud éigin a ithe,' a dúirt sé. Bhí gach rud scamallach. Bhí ceithre shúil ag an gcailín agus dhá bhéal chorcra, iad ar fad ag timthriall ina haghaidh mar a bheadh réalta pláinéad.

Threoraigh an cailín chuig seastán bia sráide é, áit a raibh píosaí beaga feola ar bhriogúin á róstadh ag fear óg.

'Tá dath an bháis ort! Ní fhaca mé aghaidh chomh geal riamh,' a dúirt an cailín. D'ordaigh sí ceann de na briogúin d'Eoin agus d'íoc as.

Stróic Eoin píosa feola ón mbriogún lena fhiacla. Shil an tsaill síos lena smig; líonadh a bhéal agus a ghoile le blas a mheabhraigh tráthnónta Sathairn ar chúl an tí i Sionainn dó.

'Déan é a chogaint i gceart,' a dúirt an cailín. 'Caithfidh mé dul ar ais go dtí an siopa, tá siad ag faire orm.'

Tharraing sé na boinn a bhí fágtha aige amach as póca a bhríste, airgead an bhus, agus rinne iarracht iad a thabhairt di. Buíochas le Dia, ní ghlacfadh sí leo.

'An mbeidh tú thart ar ball?' a d'fhiafraigh sí. 'Beidh mé críochnaithe ag a cúig.'

Bhí Eoin tar éis píosa feola eile a chur ina bhéal agus níor éirigh leis freagra a thabhairt.

'Feicfidh mé thú ar ball, mar sin,' a dúirt an cailín. Thug sí póg sciobtha ar a leiceann dó agus rith ar ais go dtí an siopa.

A luaithe is a bhí an cailín imithe isteach, chas Eoin timpeall agus thug aghaidh ar stáisiún na mbusanna. D'fháisc sé a dhorn timpeall ar an airgead ina phóca, greim an duine bháite aige ar na boinn. Choinnigh sé súil fhaiteach ar na daoine ina thimpeall, ar leaideanna óga, gorma ach go háirithe. Rud amháin ab ea prionsabail agus eiticí uaisle a bheith ag duine ach rud eile ar fad ab ea é gan ach trí *real* a bheith fágtha ag duine ina phóca. Thosaigh sé ag rith.

Lig sé osna faoisimh nuair a thug sé na boinn ar lámh do ghiolla an bhus, a bhí ina shuí díreach taobh istigh den doras cúil.

Bhí an bus folamh. Shuigh Eoin sa lár, ar thaobh na láimhe clé, ionas go mbeadh radharc aige ar an bhfarraige ar ball.

Gan mhoill, d'fhág an bus an stáisiún. Ach níor luaithe imithe amach as geata an stáisiúin é ná gur chas sé ar dheis, isteach i mbóthar dearóil nach raibh feicthe riamh roimhe ag Eoin. Níorbh é seo an bóthar go dtí an brú óige! Ní fhéadfadh sé go raibh sé tar éis seasamh isteach sa bhus mícheart trí thimpiste! Mar bharr ar an mí-ádh, ní raibh comhartha ar bith taobh istigh den bhus a thabharfadh le fios cén ceann scríbe a bhí aige.

D'éirigh Eoin óna shuíochán chun ceist a chur ar an ngiolla, ach díreach ag an bpointe sin, gan choinne agus ar luas ard, chas an bus ar chlé. Leagadh Eoin agus bhuail a cheann ar shuíochán ar an taobh eile den phasáiste. D'éirigh sé, chuimil a lámh dá bhaithis agus d'fhéach ar ghiolla an bhus, mearbhall air agus fearg.

'A phleota, ar iarr éinne ort éirí agus muid ag dul timpeall an chúinne?' a dúirt an giolla go tarcaisniúil.

'Cá bhfuilimid ag dul?' a bhéic Eoin.

Díreach ag an bpointe sin lig tiománaí an bhus bleaist eascainí as. Sheas sé ar na coscáin agus bhuail a dhorn ar an roth stiúrtha. Ba bheag nár leagadh Eoin arís, ach rug sé ar dhroim suíocháin díreach in am.

Dhírigh giolla an bhus a mhéar ar shlua feargach a bhí ag máirseáil síos an tsráid ar theastaigh ón tiománaí dul isteach inti.

'Bhíomar ag iarraidh dul timpeall ar an léirsiú seo. *Porra!* Beimid gafa sa trácht go lá an Luain anois.'

Thóg Eoin cúpla céim chun tosaigh sa phasáiste agus d'fhéach amach tríd an ngaothscáth. Bhí na céadta daoine ag máirseáil i dtreo lár an bhaile mhóir, comharthaí cairtchláir á gcrochadh os cionn a gceann ag cuid díobh agus a ndoirne á mbualadh san aer ag cuid eile.

'Tearmann mo thóin!' a bhí scríofa ar cheann de na comharthaí.

'Bundúchasaigh = bithiúnaigh,' ar cheann eile.

Ansin, bhodhraigh díoscán millteanach Eoin. Droch-aisfhotha ó na callairí ollmhóra ar thrucail fuaime i lár an tslua ba chúis leis an gcallán. Bhí fear maol, ramhar ina sheasamh in airde ar an trucail, triúr fear slándála ina thimpeall. Bhuail an fear maol cnag ar an maidhc agus thosaigh ag béicíl isteach ann.

'A chairde! A chomh-thírghráthóirí! A chomh-cháiníocóirí!'

D'aithin Eoin an fear. Nárbh é sin an boc a raibh Chico ag argóint leis an lá cheana, an lá ar theip ar an leictreachas sa bhaile mór?

'Céard a rinne na hIndiaigh riamh ar son na tíre seo?' a bhéic an fear.

'Tada!' a d'fhreagair an slua.

'Cé a thóg an tír seo?' a d'fhiafraigh an fear.

'Mo shinsir féin,' a dúirt tiománaí an bhus, faoina anáil. Bhí craiceann an tiománaí chomh dorcha leis an ngual.

'Cé leis an talamh atá an rialtas ag iarraidh a thabhairt do dhream nach ndearna lá oibre riamh ina saol?'

'Linne!' a bhéic an slua, ach phlúch bonnán ard polltach na liúnna.

'Na póilíní!' a dúirt tiománaí an bhus. 'Cuirfidh sé sin an lasair sa bharrach ar fad!'

Rug fear óg agus bratach na Brasaíle timpeall ar a cheann aige ar chloch agus chaith leis na póilíní í.

'Dia ár sábháil!' a bhéic tiománaí an bhus agus bhreathnaigh sa scathán siar.

An chéad rud eile bhain pléasc toll macalla as ballaí na dtithe. Líon deatach liath an tsráid agus chúlaigh an slua. Léim giolla an bhus ina sheasamh agus dhún na fuinneoga ar fad.

'Deorghás!'

Níor theastaigh aon mhíniú ó Eoin; ba léir ón gcaoi ar dhóigh an deatach a shúile agus a shrón cad a bhí ann.

'Suigh síos!' a bhéic tiománaí an bhus ar Eoin. 'Ní fheicim sa scathán ach d'aghaidh scanraithe!'

Bhuail Eoin faoi ar an suíochán taobh thiar den tiománaí. D'athraigh sé siúd an giar agus chúlaigh an bus. Chuaigh siad timpeall an chúinne. Ar aghaidh leo ansin, trí chathair ghríobháin de shráideanna dearóile.

'Cérbh é an fear sin?' a d'fhiafraigh Eoin nuair a bhí siad ar an mbóthar amach as an mbaile mór faoi dheireadh.

'Cén fear?' a d'fhiafraigh an tiománaí.

'An faisisteach sin a bhí ag screadaíl ar an trucail.'

'Sin é an Coirnéal Artur, ceannaire na bhfeirmeoirí díshealbhaithe. Is dóigh liom go bhfuil an ceart ar fad aige.'

D'fhan Eoin ina thost agus d'fhéach amach an fhuinneog.

Tar éis tamaill, bhí siad ar stráice den bhóthar nach raibh díreach ar an gcósta. Bhí plandáil idir an bóthar agus an trá. Pailmeacha cócó a bhí á bhfás ann, na crainn curtha i línte díreacha. Bhí teach mór le feiceáil eatarthu agus gort ina raibh capaill ag innilt. Bhrúigh Eoin a éadan i gcoinne na fuinneoige le go bhfeicfeadh sé níos fearr iad. Níor chapaill ghioblacha oibre a bhí iontu den chineál a bhí feicthe aige go dtí seo sa Bhrasaíl ach capaill bhreátha bheathaithe. Gan mhoill, sciurd an bus thar chomhartha mór le taobh an bhóthair: 'Club Marcaíochta Coqueiros.'

Nuair a chuaigh na capaill as radharc shleamhnaigh Eoin síos ina shuíochán. Tháinig déistin air nuair a chonaic sé a scáil féin sa ghloine dhonn ar chúl an tiománaí: buachaill beag a raibh cumha air. Bhog sé go dtí an taobh eile den phasáiste ionas nach mbeadh pána gloine os a chomhair.

Ar thaobh na láimhe deise den bhus shín fathaigh na foraoise a ngéaga i dtreo na spéire. Ní i sraitheanna díreacha a bhí crainn na dufaire curtha; d'fhás siad san áit ba dhual dóibh.

Rinne Eoin cinneadh. B'fhíor gur as criathrach iarthar na hÉireann a fáisceadh a chuid fréamhacha féin agus gur cosúla le sceach gheal é ná le crann mangó, ach ós rud é gur thug an saol chomh fada leis an áit seo é agus ós rud é nach raibh bealach ar ais, thabharfadh sé a bheatha chun an dufair seo agus a pobal dúchais a chosaint ar fheirmeoirí, ar fhorbróirí agus ar fhealltóirí eile.

Síol strae a bhí ann san ithir choimhthíoch seo – ach thiocfadh sé faoi bhláth.

Bhí Chico gafa ag an deasc fáiltithe nuair a d'oscail Eoin doras an bhrú óige. Bhí grúpa Gearmánach ag seiceáil isteach; chaithfeadh sé gur leo an mionbhus ar cíos a bhí páirceáilte taobh amuigh. D'oscail Eoin doras an tseomra bia, súil aige go dtuigfeadh Chico an nod agus go mbeadh dreas cainte acu a luaithe is a bheadh sé réidh leis na Gearmánaigh, ach bhí an bheirt Iodálach ina seasamh ag an meaisín *espresso*, cupán caife á dhéanamh dóibh féin acu. Dhún Eoin an doras arís agus chuaigh suas an staighre.

Bhí sé meirbh ina sheomra. D'fhág sé an doras ar leathadh, d'oscail dallóga na fuinneoige le go gcuirfeadh leoithne ghaoithe an ruaig ar an marbhtheas, agus thosaigh ag pacáil. Pas, guthán póca, éadaí: bhí slí dá shaol ar fad i mála droma. D'fhill sé a chuid fobhrístí go néata, ina gceann is ina gceann. Bhí sé chomh gafa leis an obair a bhí idir lámha aige nár thug sé faoi deara gur sheas Chico sa doras.

'Céard atá ar siúl agat?'

D'fhéach Eoin suas. Bhí mearbhall ar aghaidh Chico, mearbhall agus díomá.

'Táim chun bogadh isteach sa bhaile bundúchasach.'

'An bhfuil tú as do mheabhair?'

'Cuireadh mo scoláireacht ar ceal. Níl pingin rua fágtha agam.'

D'fhan Chico ina thost ar feadh tamaill, a shúile dírithe ar an mála leathphacáilte aige.

'Ní gá duit imeacht ón áit seo. Tabharfaidh mé bia agus leaba duit má thugann tú cúnamh dom leis an mbrú óige agus leis an gcoill. Teastaíonn uaim cuid de na seanchrainn chacó a bhaint agus crainn dhúchasacha a chur ina n-áit. Ach bheifeá saor cuid mhór den lá le dul ag surfáil.'

D'fhéach Eoin ar an mbríste snámha a bhí ina lámh aige, ag méiríntecht ar an éadach snasta ar feadh soicind. Chuir sé isteach ina mhála é ansin.

'Tá sé sin an-deas uait, ach tá mo chinneadh déanta agam.'

'Tá a fhios agat gur áit gan riar dlí an baile sin. Ní théann na póilíní ann.'

'Eadrainn féin, sin ceann de na fáthanna a dteastaíonn uaim dul ann. Bhí mo víosa ceangailte leis an scoláireacht, an dtuigeann tú? Ach ní hé sin an príomhfháth. Is mór agam cúis na mbundúchasach agus creidim go mbeidh mé in ann cabhrú leo. Agus anuas air sin, mar is eol duit, ní féidir liom filleadh ar Éirinn.'

'Ní dhéanfainn tairiscint mar seo do gach éinne. Tharrtháil mé thú ón bhfarraige an lá sin agus níor mhaith liom go dtarlódh tada duit thuas ansin.'

D'éirigh Eoin agus rug barróg chiotach ar Chico.

'Ná bí buartha fúm. Beidh mé togha.'

9

Bhí sé ina chlapsholas faoin am ar tháinig Eoin fad leis an gcomhartha leis an téacs 'BAILE BUNDÚCHASACH. COSC AR DHAOINE NEAMH-BHUNDÚCHASACHA.' Bhain sé a mhála droma dá ghuaillí agus bhain searradh as a ghéaga. Bhí aer na dufaire tais, meirbh agus ní raibh puth gaoithe ann a bhainfeadh creathadh as craobhacha na gcrann. Ba iad na ciocáidí amháin a bhí i mbun ceoil; ba léir go raibh an éanlaith tar éis dul a luí ar an bpointe boise nuair a d'imigh an ghrian faoi. Bhuail Eoin a bhosa ar a chéile; bhain an callán macalla as na cnoic.

Níor tháinig freagra.

Bhuail sé a bhosa ar a chéile arís.

Stop na ciocáidí ar feadh soicind. Ansin chuaigh siad i mbun ceoil an athuair, níos fíochmhaire, siosarnach gan stad a leath ó chrann go crann fud fad na gcnoc. Ansin, tar éis tamaill, d'imigh an gleo i léig. Bhí marbhchiúnas i réim – agus dúdhorchadas leis.

'Tayrone!' a bhéic Eoin.

D'fhan an dufair ina tost.

Shuigh Eoin ar a ghogaide in aice lena mhála. Bhí sé i sáinn anois. Ní fhéadfadh sé leanúint ar aghaidh thar an gcomhartha ina aonar. Bhí aithne ag Tayrone air, ach ní fhéadfadh sé talamh slán a dhéanamh de go mbeadh seisean ar dualgas. An gcuirfeadh fear faire eile ceist air cérbh é féin sula gcuirfeadh sé urchar ann? Ní raibh sé sásta dul sa seans.

Choinnigh sé a dhá lámh amach os a chomhair; ní raibh sé in ann iad a fheiceáil. Gan trácht ar na fir faire, bheadh a bheatha i mbaol dá leanfadh sé ar aghaidh leis féin. Conas a d'fheicfeadh sé poll sa chosán, fréamh crainn, nó – níos measa fós – nathair?

In iarracht smacht a choinneáil ar a néaróga, dhírigh sé a aird ar fad ar a anáil féin. Isteach, amach. Isteach, amach. Shuigh sé ar a thóin, shín a chosa amach roimhe agus chuir a dhroim lena mhála.

Glórtha a dhúisigh é. Glórtha fear. Caint gharbh ghraosta. Lóchrainn leictreacha ag teacht aníos an bóithrín, ceithre cinn. Scáileanna corracha á gcaitheamh ag na soilse geala.

Bhí croí Eoin ag bualadh chomh tréan sin gur bhodhraigh preabadh na fola ina chuislí féin é. Bhí sé idir dhá chomhairle:

seans go n-éireodh leis é féin a chur i bhfolach taobh thiar de chrann éigin, mura gcuirfeadh a mhála moill air sa scrobarnach. Ach cinnte dearfa, d'fheicfidís an mála dá bhfágfadh sé ina dhiaidh é.

Rinne sé cinneadh. Nuair nach raibh na fir ach deich méadar uaidh sheas sé i lár an bhóithrín, a lámha in airde thar a cheann. Láithreach, dhall na ceithre lóchrann é, iad dírithe ar a aghaidh faoi mar a bheadh béil ghunna iontu. Phléasc duine de na fir ag gáire.

'Tayrone?'

Chuir Tayrone a lámh timpeall ar ghuaillí Eoin; bhí gunna sa lámh ach bhí strais leathan ar a aghaidh. Ba léir on mboladh a bhí uaidh go raibh cúpla buidéal beorach faoin bhfiacail aige. Níos mó ná cúpla ceann.

'Owing! Céard sa diabhal atá ar siúl agatsa anseo?'

Sháigh Tayrone a ghunna faoina a bhríste gearr. Bhí an triúr eile ar a ngogaide in aice le mála Eoin, á sheiceáil. Bhí duine acu ar tí an mála a oscailt, ach chuir comhartha láimhe ag Tayrone stop leis sin.

Sméid Eoin ar an mála. 'Ba ... ba mhaith liom teacht chun cónaithe libh.'

'Céard?'

'D'éascódh sé an taighde.'

'Agus tagann tú chugainn i lár na hoíche chun é sin a phlé?'

'Tá mé anseo ó luí na gréine. Shíl mé go mbeifeá anseo …'

'Inniu Dé hAoine. Thug mé mo bhuíon síos go dtí an trá chun cúpla buidéal fuar a chaitheamh siar. Ní tharlaíonn tada oíche Aoine. Bíonn na boicíní ar fad sa bhaile mór.'

Chas sé chuig an triúr eile ansin.

'Ubiratan, tabhair do lóchrann don fhear seo agus tóg a mhála. Jonas agus Marcos, gabhaigí chun tosaigh agus déanaigí cinnte nach mbainfear tuisle as Ubiratan.'

Thug fear óg a lóchrann d'Eoin, pus air. Gan aon fhocal as, rug sé ar mhála Eoin, chroch ar a ghuaillí é agus lean an bheirt ógfhear eile, a bhí ag sciotaíl agus ag cogarnaíl eatarthu féin.

'Nach bhfuil tú ag teacht linn?' a d'fhiafraigh Tayrone. 'Níl a fhios agam céard a bheidh le rá ag an *Cacique*, ach ní féidir linn tú a fhágáil anseo thar oíche.'

Buntáiste amháin a bhain leis an dorchadas ná nach bhféadfaí uisce bréan an locháin sa riasc a fheiceáil. Chruinnigh Eoin a mhisneach agus threabh tríd.

Bhí sé ag tarraingt ar mheán oíche nuair a bhain siad an

bruach eile amach, ach bhí an gabhar á róstadh sa bhaile bundúchasach. Bhí amhrán leis an amhránaí úd leis an nglór srónach ag pléascadh ó challaire fuaime sa phlásóg láir; bhí na scórtha de mhuintir na háite ag ól agus ag damhsa.

Chuir an firín pusach mála Eoin síos, d'fhág slán ag Tayrone agus d'imigh i dtreo na scléipe. Lean an bheirt ógfhear eile é.

Tharraing Eoin a mhála ar a ghuaillí féin. Bhí an chuma ar Tayrone gurbh fhearr leis dul ag ól agus ag damhsa lena chuid compánach ná aire a thabhairt do strainséar ar seachrán, ach chomharthaigh sé d'Eoin é a leanúint. D'imigh siad ón bplásóg, isteach sa bhóithrín ó thuaidh.

'Tá súil agam nach bhfuilim tar éis fadhb a chruthú duit,' a dúirt Eoin. 'Ach níl áit ar bith eile le dul agam.'

Sheas Tayrone sa bhealach air.

'Dúirt tú gur ar mhaithe le do thaighde a theastaigh uait cónaí anseo.'

'Níl aon taighde ann níos mó.'

Ní raibh focal as Tayrone.

'Cuireadh deireadh leis an scoláireacht. Níl airgead ar bith fágtha agam. Ní fhéadfainn fanacht sa bhrú óige.'

'Agus cén saghas áite é an baile seo dar leat? Carthanacht?'

'Ní ag lorg déirce atáim. Teastaíonn uaim cabhrú libh bhur gcearta a bhaint amach. Tá máistreacht sna cearta daonna agam, tá a fhios sin agat. Is féidir liom aird a tharraingt ar bhur gcás thar lear. Fiú gan an eagraíocht taobh thiar díom.'

'D'inis tú bréag ar ball. Dúirt tú gur ar mhaithe le do thaighde a theastaigh uait cónaí anseo. Anois deir tú go bhfuil deireadh curtha leis an taighde. B'fhéidir nach raibh aon taighde ann an chéad lá riamh. B'fhéidir gur spiaire de chuid an namhad thú.'

Dhruid deasóg Tayrone lena bhríste gearr. Léim Eoin siar agus chuir a dhá lámh in airde.

'Táim ag insint na fírinne duit! Níl ann ach nár theastaigh uaim a admháil os comhair na bhfear eile sin go ndearna mé praiseach de mo shaol. Le do thoil, ná díbir ón áit seo mé. Déanfaidh mé rud ar bith is mian leat.'

D'fhan Tayrone ina thost. De réir a chéile, thráigh an teannas óna aghaidh. D'fhéach sé ar Eoin ó bhun go barr, faoi mar a bheadh uirlis úrnua á scrúdú aige nár léir a feidhm ar an gcéad radharc.

'Tá go maith,' a dúirt sé sa deireadh. 'Pléifidh mé do chás leis an *Cacique* an chéad rud ar maidin.'

Go tobann, shéid an ghaoth i mbarr na gcrann. Gan mhoill, mhothaigh Eoin deora troma fearthainne ar a leicne.

'B'fhearr dúinn rith,' a dúirt Tayrone, agus d'imigh de sciuird.

Chuaigh Eoin ag sodar ina dhiaidh tríd an mbáisteach, a mhála ag luascadh ó thaobh go taobh ar a dhroim.

'D'fhéadfainn dul i dtaithí air seo,' a dúirt Tainá de chogar i gcluais Eoin, a chliabhrach á mhuirniú aici le barr a méara.

Bhí an bháisteach tar éis stopadh i bhfad ó shin. Chaith coinneal bheag a bhí lasta ag Tainá solas bog ar na ballaí láibe. Bhí Tayrone ina chodladh sa seomra eile. Bhí súil ag Eoin go raibh, cibé.

'Ach cad faoi do dheartháir? Cad faoi mhuintir an bhaile?'

'Níl aon teach eile saor agus dá mbeadh, ní tusa a gheobhadh é. Má thugann an *Cacique* cead duit cónaí ar an tearmann, is sa teach seo a bheidh cónaí ort.'

Thug Eoin póg ar a beola do Tainá.

'Sa seomra seo?'

Réab srann phiachánach trí chiúnas na hoíche.

'Murarbh fhearr leat seomra a roinnt le mo dheartháir.'

Phlúch Eoin gáire.

'I ndáiríre atáim.'

'Fan go bhfeicfimid cad a bheidh le rá ag an *Cacique*. Ach mar a dúirt mé, d'fhéadfainn dul i dtaithí air seo.'

Chrom Tainá thar chliabhrach Eoin agus mhúch an choinneal.

10

'Ba mhór an chabhair é dá chuid taighde dá bhféadfadh sé cónaí linn,' a dúirt Tayrone leis an *Cacique*, a lámh timpeall ar ghuaillí Eoin aige. Bhí Eoin ar tí rud éigin a rá, ach thug Tayrone bogfháisceadh dá ghualainn a thug le fios gur cheart dó fanacht ina thost.

D'fhan ceannaire na treibhe ina thost freisin. Bhain sé a chaipín cispheile de agus thochais cúl a chinn.

Bhí siad ina suí san *oca*. Ní raibh sé ach a sé a chlog ar maidin, ach bhí fuadar faoin mbaile. Bhí dornán daoine ag siúl soir i dtreo an réisc; rinne Eoin amach de bharr na n-éadaí a bhí á gcaitheamh acu go raibh postanna acu sin ar an mbaile mór. Ach bhí formhór na ndaoine ag dul i malairt treo, éadaí éadroma, síonchaite orthu. Ba dhócha go raibh siad sin ag tabhairt aghaidh ar lá oibre sna cnoic.

'Gás! Gás!'

Bhí dhá bharaille mhóra gáis á gcartadh roimhe ar chairt láimhe ag fear faoi éide oibre ghorm, toitín ar lasadh i gcúinne a bhéil. Chuir an radharc meangadh gáire ar Eoin.

Chuir glór an *Cacique* deireadh lena néal maidine.

'Tá go maith, tá an taighde seo tábhachtach. Ach má táimid chun lóistín a thabhairt dó agus bia a chur ina bhéal, caithfidh sé a chuid féin den obair a dhéanamh, cosúil le gach uile dhuine eile. Ní páirc shaoire é seo.'

Scrúdaigh sé Eoin ó bhun go barr.

'Tá cuma láidir air. Tá a leithéid ag teastáil ó mheitheal na foraoise. Tá Portaingéilis aige, nach bhfuil?'

'Tá,' a d'fhreagair Eoin. 'Ach ba mhaith liom teanga na treibhe a fhoghlaim.'

Leath strais ar aghaidh an *Cacique*.

'Tuigtear dom go bhfuil tú mór leis an múinteoir cheana féin.'

Thug Tayrone Eoin chomh fada le meitheal na foraoise. Bhí siad sin ina suí ar chrann mór leagtha ag bun an bhóithrín a shín siar ón bplásóg i lár an bhaile. Fir uilig a bhí ann, ccithre nó cúig dhuine dhéag acu. Bhí scian mhór ag gach duine acu. Thug Tayrone bos ar a shlinneán d'Eoin agus d'imigh leis ar ais i dtreo lár an bhaile.

Rinne formhór na bhfear iarracht a bhfiosracht a cheilt, ach bhí cuid acu ag stánadh ar Eoin go hoscailte. Ní raibh áit ar bith fágtha ar an gcrann leagtha agus b'éigean dó fanacht ina sheasamh. Mhothaigh sé go raibh a chraiceann á dhó ag grian na maidine; agus an deifir a bhí orthu ar ball, bhí dearmad déanta aige ar an uachtar gréine.

'Cé thú féin a dúirt tú?'

Bhain an glór geit as. Bhí fear beag á scrúdú go fiarshúileach trí spéaclaí a raibh gloine throm iontu.

'Mise Eoin.'

'Cé as thú?' a bhéic glas-stócach i nglór scairteach. Bhí a chuid gruaige gearrtha ina chírín ar bharr a chinn agus bhí dath fionn curtha inti, rud a d'fhág cuma chapaillín ar an leaid.

'Agus céard atá ar bun agat anseo?' a d'fhiafraigh fear a raibh lorg scolbach sceana ar a leiceann.

Sular éirigh le hEoin ceann ar bith de na ceisteanna a fhreagairt, tháinig fear ar chomhaois leis féin fad leis an meitheal. Fear ard, cruachaol a bhí ann, cnámha a ghrua agus a bhlaoisce le feiceáil go soiléir faoi chraiceann teann ar dhath mahagaine. Ba léir ar an gcéad radharc gurb é seo ceann feadhna na meithle: bhí sábh slabhrach mór á iompar aige.

Luigh sé le réasún, ar ndóigh, go mbeadh a leithéid ag meitheal na foraoise; chaithfí an seanfhás a ghearradh le go mbeadh rath ar an bhfás nua. Bhí cur amach éigin ag Eoin ar na cúrsaí seo: bhí Ciarán, mac na nGearaltach ón mBuailtín, ag obair le Coillte agus aon uair dá gcastaí ar Eoin é thiar i gCorca Dhuibhne ní stopadh sé ach ag caint faoi chúram coille. Bhuel, bheadh scéal ag Eoin dó an chéad uair eile a chasfaí ar a chéile iad i dTigh an tSaorsaigh!

Gan choinne, chuaigh freang chumha trína chroí. An ólfadh sé pionta i dTigh an tSaorsaigh go deo arís?

Shlog sé an cnap ina scornach. Ní raibh am aige do smaointe maoithneacha anois. Bhí ceann feadhna mheitheal na foraoise ag labhairt leis.

'Dúradh liom go mbeadh fear nua inár measc inniu, ach níor dúradh liom go raibh sé chomh geal leis an sneachta.'

Phléasc an stócach scairteach ag gáire.

'Agus cén uair a chonaic tusa sneachta, Wellington?'

'Ná bac le sneachta,' a dúirt an fear a raibh an lorg scine air. 'Beidh sé seo chomh dearg le gliomach tar éis dó a bheith amuigh faoin ngrian ar feadh cúpla uair an chloig!'

Phléasc gach duine ag gáire an iarraidh seo, ach amháin Eoin.

D'ardaigh Wellington an lámh a bhí saor aige agus d'fhan gach duine ina thost.

'Dúirt an *Cacique* liom gur cara mór thú le Tayrone. Cara liom

Tayrone agus ar an ábhar sin is cara liom thusa freisin. *Brothers* sinn ar fad, nach ea?'

D'éirigh monabhar sásta ó na fir; lig an stócach liú as.

'Mar sin, *brother* linn an fear nua seo freisin, ár m*brother* geal, cibé cé hé féin.'

Thug Wellington comhartha láimhe agus d'éirigh an mheitheal ar fad ina seasamh. Chuaigh siad isteach sa dufair. Thuig Eoin láithreach cén tábhacht a bhain leis na sceana móra a bhí ag na fir. Ní raibh aon chosán ann agus b'éigean dóibh a mbealach a ghearradh trí fhéitheacha agus trí fhás íseal.

Shiúil siad i líne fhada, mar a bheadh arm seangán ann. Bhí fuadar fúthu. Chuaigh Wellington chun tosaigh, bhí Eoin ag deireadh na líne. Ba léir go raibh seantaithí ag na fir ar fad ar an dúiche seo nach raibh ag Eoin; chuir an talamh éagothrom, na craobhacha, na féitheacha agus na fréamhacha ar fad moill air. Roimh i bhfad, mhéadaigh an bhearna idir é féin agus an duine leathdheireanach sa líne, an stócach scairteach. Gan mhoill, bhí Wellington agus an chuid eile den mheitheal imithe as radharc ar fad agus ní fhaca Eoin amach roimhe, agus ag imeacht uaidh, ach círín fionn an stócaigh.

D'fhéach Eoin ina thimpeall. Balla glas a bhí sa dufair ar gach aon taobh de, an chuma chéanna ar na crainn thiar, thoir, thuaidh agus theas. Dá gcaillfeadh sé an chuid eile den mheitheal, ní aimseodh sé a bhealach ar ais choíche.

Bhí an stócach ag réabadh roimhe mar a bheadh searrach óg ann, craobhacha agus féitheacha á seachaint go haclaí aige. Bhí Eoin ar tí béicíl air chun iarraidh air fanacht leis, ach chuimhnigh sé air féin. Dá ndéanfadh sé sin, cabhair a iarraidh ar a chéad lá oibre ar an duine ab óige agus ba gháifí sa ghrúpa, chinnteodh sé áit ag bun dhréimire na cumhachta dó féin don chuid eile dá shaol nua.

Bhreathnaigh an stócach thar a ghualainn. An ar Eoin a bhí sé nó an raibh straois air? Straois ann nó as, ba leor é chun Eoin a ghríosú. Ní ligfeadh sé do leaid nach raibh sna fir fiú amháin an ceann is fearr a fháil air! Tharraing sé anáil dhomhain agus thosaigh ar leathshodar, a mbealach féin á aimsiú ag a chosa ar thalamh na dufaire go míorúilteach an nóiméad ar chuir sé muinín iontu.

Gan mhoill, laghdaigh an bhearna idir é féin agus an stócach. Lig an leaid liú ard as agus ghéaraigh ar a shodar. Lig Eoin liú as freisin, gliondar air mar a bhíodh air féin, ar Chiarán agus ar na leaideanna eile ón gcoláiste Gaeilge agus ón mBuailtín fadó agus iad ag pleidhcíocht sna goirt, beannaithe ag grian an tsamhraidh, ag ligean orthu féin gur scata Indiach dearg iad.

Ní ag ligean air féin a bhí sé anois, ar ndóigh.

Tar éis tamaill ghearr tháinig siad suas leis an gcuid eile den mheitheal. Bhí siad sin ina seasamh ar bharr cnoic, ar imeall stráice bhánaithe i lár na dufaire a shín síos slios an chnoic, slí ann do cheithre pháirc pheile ar a laghad. Ní raibh fágtha de na crainn a d'fhás sa stráice seo tráth ach stumpaí dóite.

Ba léir d'Eoin ar an toirt cad a bhí tar éis tarlú san áit seo. Ní fhéadfadh sé ach go raibh an leitir seo díreach glanta ag úinéir talún santach éigin sula ndearna an treibh athghabháil ar a dtailte dúchais. Plandáil chrann cacó a bheadh anseo murach teanntás na treibhe, nó, níos measa fós, páirc féir ina mbeadh beithígh ag innilt a chríochnódh i mbosca *Styrofoam* i mbialann bhuirgéirí Phoncánach. Líon fuath a chroí.

Bhí uisce á ól ag na fir as canna mór plaisteach. D'ól gach fear a sháith, ach bhí siad cúramach nach dteagmhódh a mbeola le béal an channa. Ghlac Eoin leis an gcanna nuair a tugadh dó é. Tháinig ardú meanman air: ní hamháin toisc go raibh tart an domhain air, ach toisc gur léir dó anois cad a bheadh ar bun acu anseo. Cúpla céim ón áit a raibh siad ina seasamh, bhí rámhainní sáite isteach sa talamh, dóthain dóibh ar fad. Bheadh crainn á gcur acu! D'ól Eoin a sháith agus thug an canna don stócach scairteach.

Rug siad ar na rámhainní agus shiúil siad go bun an chnoic. Ba léir go raibh crainn óga le baint acu thíos ansin sa dufair chun iad a athchur sa stráice loiscthe. D'iompair Eoin a rámhainn thar a ghualainn mar a d'iompródh réabhlóidí a raidhfil ar a bhealach go dtí a chéad chath.

'Na trinsí ar dtús,' a bhéic Wellington nuair a bhain siad imeall na dufaire amach. 'Caithfear péire a thochailt. Dhá mhéadar ar leithead, mar a rinneamar an tseachtain seo caite, síos chomh fada leis an sruthán in íochtar an ghleanna. Bíodh dhá chéad caoga méadar eatarthu, mar atá sa stráice thuas.'

Roinn Wellington an mheitheal i dhá ghrúpa. Chuir sé an fear leis an lorg scine agus seachtar eile go dtí an taobh thall den stráice loiscthe. D'fhan sé féin agus seachtar eile, Eoin agus an stócach san áireamh, san áit a raibh siad.

'Ós rud é nach bhfuil scian agat, is féidir leatsa tosú ag tochailt láithreach,' a dúirt sé le hEoin. 'Tabharfaidh an chuid eile againn cúnamh duit ar ball. Ní gá don trinse a bheith ródhomhain. Déanfaidh troigh amháin cúis.'

Bhí mearbhall ar Eoin, ach sula raibh deis aige iarraidh ar Wellington an méid a bhí ráite aige a mhíniú arís bhí ordú á thabhairt aige sin do na fir eile agus don stócach.

'Sibhse, tosaígí ag glanadh an bhealaigh don trinse. Caithigí na craobhacha gearrtha ar an taobh seo, an taobh a bheidh á loscadh againn.'

D'imigh an stócach agus na fir eile isteach sa dufair ar an bpointe boise. Níor chorraigh Eoin. Stán sé ar Wellington amhail is go raibh ordú tugtha aige sin dó a mhamó féin a mharú.

'Loscadh?'

Nocht féachaint i súile Wellington a thug le tuiscint nárbh fhear foighneach é.

'Céard a cheapann tusa atá ar bun againn anseo? Tosaigh ag tochailt.'

Mar chomhartha go raibh an comhrá thart, thug Wellington tarraingt fhíochmhar ar an sreang a las an sábh. Thug sé cúpla céim isteach sa dufair agus chuir faobhar an tsáibh leis an gcéad chrann mór a chonaic sé. Ba bheag nár scoilt an callán tiompáin cluaise Eoin; ní fhéadfadh scread na mná sí féin a bheith níos measa.

'Stop! Stop!' a bhéic sé agus rinne ar Wellington, a lámha á gcroitheadh os cionn a chinn aige.

Mhúch Wellington an sábh.

'Céard atá uait anois?'

'Caithfear an dufair a chosaint! Shílfeá gurbh fhearr a thuigfeadh sibhse é sin ná dream ar bith eile!'

Dhruid Wellington leis. Tháinig aiféala ar Eoin go raibh a rámhainn fágtha ina dhiaidh aige.

'Níl lá féin caite ar an tearmann agat agus tá tú ag iarraidh a rá linn céard ba cheart agus céard nár cheart dúinn a dhéanamh. Nár thug tú faoi deara fós go bhfuil ocras ar chuid mhór againn?

Tá bean agus beirt leanaí sa bhaile agamsa nach raibh béile ceart acu le trí lá anuas. Móinéir agus garraithe casabhaigh a bheas sa chuid seo den dufair. Anois, murar miste leat, lig dom mo chuid oibre a dhéanamh agus greim a chur i mbéal mo chlainne.'

D'iompaigh Wellington a dhroim le hEoin agus las an sábh slabhrach an athuair.

Tháinig lagmhisneach ar Eoin. Cén fáth faoin spéir nár thuig treibh bhundúchasach an tábhacht a bhain le cosaint na dufaire?

D'fhéach sé ina thimpeall. Deich slat uaidh, bhí ualach craobhacha á iompar ag an stócach scairteach, craobhacha a bheathódh an loscadh ar ball. D'ionsaigh na fir eile fréamhacha na gcrann lena sceana. Bhí mant mór déanta cheana féin ag Wellington i stoc an chrainn a bhí á leagadh aige.

Rith freagra na ceiste leis ansin. Siondróm de chuid an iarchoilíneachais a bhí anseo gan amhras: oiread ama caite ag an treibh faoi chuing na n-úinéirí talún deoranta nach bhféadfaidís ach aithris a dhéanamh orthu sin agus creach a dhéanamh ar an bhforaois. Bhí athghabháil le déanamh fós ar aigne na treibhe, ba léir. Bhí tasc ansin do dhuine éigin.

Ciúnas tobann a chuir deireadh lena chuid machnaimh. Bhí an sábh ina thost. Ansin bhí díoscán adhmaid ann agus siosarnach duilliúir. D'fhéach Eoin suas: thit an crann a bhí á ghearradh ag Wellington go talamh.

Sháigh Eoin a fhiacla ina liopa agus thug cúpla céim isteach sa dufair. Theastaigh uaidh a bheith leis féin. Shuigh sé ar a ghogaide in aice le crann ard. Leag sé bos a láimhe ar an stoc; bhí an choirt chomh mín le craiceann seanduine.

Arbh é a shamhlaíocht a bhí ann, nó ar leath fuinneamh éigin amach as stoc an chrainn, fórsa na beatha féin á nochtadh dó? Tharraing sé a lámh siar de gheit, ach chuir ar ais láithreach í agus d'fhéach suas tríd an duilliúr dúghlas os a chionn. Bhí blúire beag bídeach den spéir le feiceáil, crithloinnir sholais.

'Maith dóibh é,' a dúirt sé os íseal, a lámh á cuimilt den choirt aige. 'Ní thuigeann siad cad atá á dhéanamh acu.'

Leadhb ar chúl a chinn a chuir deireadh lena mhonabhar cainte. D'fhéach sé i leataobh de gheit. Bhí Wellington ina sheasamh in aice leis, an sábh ina leathlámh.

'An stopfaidh tú ag caint leis na crainn agus an ndéanfaidh tú mar a dúradh leat? Ní maith linn falsóirí anseo. Anois, seas i leataobh, maith an fear.'

Níorbh fhiú cur i gcoinne gealt a raibh sábh slabhrach aige. D'fháisc Eoin a fhiacla ar a chéile, rug ar a rámhainn agus thosaigh ag tochailt. Rinne sé iarracht an mothú a bhaint as a anam agus as a aigne leis an obair chrua. Níor fhéach sé suas nuair a chuala sé an crann ar mhothaigh sé fórsa na beatha ann nóiméad roimhe sin ag titim go talamh. Shuigh sé síos leis an gcuid eile den mheitheal nuair a thug beirt bhan lón anall as an mbaile – scúp pónairí uisciúla an duine, spúnóg den phlúr casabhaigh agus leathspúnóg ríse. Ach ag deireadh an tráthnóna, nuair a loisc tine chraosach an dufair scriosta sa stráice idir an dá thrinse, chaith sé aníos a raibh ina ghoile.

Tháinig Wellington anall chuige agus chuir a lámh ar a ghualainn.

'Tuigeann tú anois go bhfuil sé deacair obair chrua a dhéanamh nuair atá do ghoile nach mór folamh. Ach i gceann míosa nó dhó, beidh beithígh ag innilt anseo, beidh flúirse chasabhaigh á fás agus beidh ár ndóthain le hithe againn ar fad.'

Gabh suas ort féin, a chuint, a shíl Eoin. Tá an mhaoin is luachmhaire dá bhfuil ag an treibh á scriosadh agat.

Ach choinnigh sé guaim air féin. Gan trácht ar an sábh i lámh an fhir eile, ní raibh dabht ar bith faoi ach go gcuirfí an ruaig air ón tearmann dá n-éireodh troid idir é agus duine de na ceannairí. Ghlan sé an mhúisc dá bhéal, chlaon a cheann le Wellington agus lean an mheitheal i dtreo an bhaile.

Bhí Tainá sa chistin oscailte ar chúl an tí, sobal tiubh á chuimilt isteach ina folt aici. Bhí buidéal le leacht gruaigdhírithe ar an doirteal.

'Ní raibh súil agam leat go fóill,' a dúirt sí nuair a chonaic sí Eoin. 'Céard atá ort? Shílfeá go bhfuil taibhse feicthe agat.'

Thug Eoin cic do chiseán lán éadaí fliucha a bhí fós le crochadh amach ar an líne. Buíochas le Dia, níor thit na héadaí amach ar an talamh. Ní raibh neart ar bith ag Tainá ar chúrsaí.

'Tá brón orm. Bhí drochlá agam.'

'Feicim sin.'

Lig Tainá d'Eoin a racht a chur de. Nigh sí an sobal as a cuid gruaige agus thug barróg dó.

'Bíodh foighne agat. Caithfidh daoine ar nós Wellington agus Tayrone agus go deimhin ar nós muid féin an bhunobair a dhéanamh le go mbeidh deis ag an gcéad ghlúin eile ár n-aisling a fhíorú. Beidh tuiscint níos fearr ar chúrsaí ag an dream atá ag fás aníos anois. Cén fáth a gceapann tú gur theastaigh uaimse a bheith i mo mhúinteoir?'

Bhris gáire fann ar aghaidh Eoin.

'Le go bhféadfá teanga na treibhe a mhúineadh domsa?'

'Ní féidir stop a chur leatsa, an féidir?' Chuir Tainá barr a corrmhéire ar shrón Eoin. 'Tá go maith, tosóimid le baill an choirp, mar sin.'

Lean siad orthu síos an bealach. Bhí Eoin ar tí a mhúinteoir a fháisceadh chuige agus póg a thabhairt ar a béal di nuair a tháinig Tayrone timpeall chúinne an tí. Sheachain sé súile Eoin agus shuigh síos de phlab ar bhlocán adhmaid. Rug sé ar phionna éadaí a bhí ina luí san fhéar agus chas an rud timpeall agus timpeall ina mhéara.

'Níl aon bhealach éasca ann chun seo a rá leat, Owing. Níl Wellington do d'iarraidh ar mheitheal na foraoise níos mó. Dar leis go raibh tú ag tarraingt na gcos agus go mbeidh drochthionchar agat ar mheon oibre na bhfear eile.'

Stop sé ag útamáil leis an bpionna éadaí agus chaith an rud isteach sa chiseán éadaí.

'Cinneadh go mbeidh tú i dteach an chasabhaigh as seo amach. Bí ann ag a seacht a chlog maidin amárach.'

Lig Eoin osna faoisimh as.

'An é sin é? Shíl mé go raibh tú ar tí mé a dhíbirt ón mbaile.'

Ach bhí alltacht i súile Tainá.

'Cad é?' a d'fhiafraigh Eoin. 'An bhfuil rud éigin cearr?'

D'fhéach Tainá ar a dearthái agus chroith a ceann.

'Tada.'

11

Ba ghearr gur thuig Eoin, an mhaidin dár gcionn, go raibh pionós á chur air. Mná amháin a d'oibrigh i dteach an chasabhaigh agus ba léir gurbh aisteach leo fear a bheith curtha ag obair ina dteannta. Níor stop siad ag cogarnaíl agus ag scig-ghaíre eatarthu féin fad is a thaispeáin an tseanbhean sheang sheargtha a bhí feicthe aige san áit seo cheana dó conas an choirt a bhaint de mheacan casabhaigh le scian.

Ní raibh sé ach tar éis luí isteach ar an gcarn mór meacan a bhí os a chomhair nuair a tháinig meitheal na foraoise thar bráid. Lig Wellington air féin nach bhfaca sé Eoin, a shúile ar íor na spéire aige, ach bhí cuid de na fir eile ag gáire os ard.

'Breathnaígí!' a bhéic an stócach scairteach. 'Tá cailín aimsire geal againn!'

B'fhearr le hEoin go slogfadh an talamh é.

Thall i gcúinne, bhí an cailín óg aisteach sin a bhí feicthe aige ar a chéad lá ar an tearmann ag súgradh lena bábóg. Bhí sí chomh gafa lena cluiche féin go raibh an chuma uirthi gur i saol eile a bhí sí, ach nuair a chonaic sí go raibh sé ag stánadh uirthi, d'fhéach sí idir an dá shúil air agus bháigh a bábóg i ndabhach uisce.

Obair chrua, achrannach a bhí ann, na meacain a ghlanadh. Sciorr an scian mhaol, mheirgeach ar an gcoirt crua go héasca. Faoin am ar thóg siad sos chun bolgam caife lag agus rómhilis a ól as buidéal teirmis, bhí Eoin tar éis é féin a ghearradh faoi thrí.

Shuigh an tseanbhean síos in aice leis agus rug ar a chiotóg, a raibh gearradh fuilteach inti. Gan aon fhocal aisti, ghlan sí an chréacht le ceirt chadáis bhán a bhí tumtha in alcól aici. Ansin chuardaigh sí ina mála, bhain buidéal beag gloine amach a raibh ola leighis éigin ann agus chuimil cúpla braon isteach sa ghearradh. Ar deireadh, chuir sí greimlín air agus thug póigín don lámh ghortaithe.

Ba í an tseanbhean seo ceannaire na meithle; ba léir sin, ní hamháin ar a hiompar údarásach, ach ón gcaoi ar thug na mná eile 'mainha' uirthi, 'máthairín'. Ar chúis éigin, mhothaigh Eoin go raibh baint ag an meas a bhí ag na mná eile uirthi leis na slabhraí de choirníní ildaite a bhí á gcaitheamh timpeall ar a muineál aici. An bhféadfadh sé gurbh í seo ceannaire reiligiúnda na treibhe – an bhean leighis? Ach b'aisteach leis sin – bhí a craiceann níos dorcha ná craiceann fhormhór mór mhuintir an bhaile. Go deimhin, ní raibh cuma bhundúchasach uirthi ar chor ar bith. Ach sular éirigh leis an mhistéir sin a réiteach dó féin, chrom sí a ceann chuige agus chuir cogar ina chluas.

'Ar aghaidh leat abhaile, nó pé áit eile a dteastaíonn uait dul. Ní haon mhaith do lámha a loit le hobair nach n-oireann dóibh. Beimid go breá anseo i d'uireasa.'

Ghabh Eoin buíochas léi, d'éirigh agus d'fhág teach an chasabhaigh, gan é go hiomlán cinnte an á shaoradh nó á ruaigeadh a bhí sé.

Thug sé aghaidh ar lár an bhaile, gan a fhios aige cad a dhéanfadh sé anois chun a chuid a shaothrú ar an tearmann. Bhí mearbhall air faoi imeachtaí na maidine agus meadhrán leis an teas, agus baineadh geit as nuair a sheas bean théagartha, ghorm os a chomhair, meangadh leathan gáire uirthi.

'Nach fánach an áit a bhfaighfeá *gringo*?'

Shín sí amach a deasóg chuige, greim aici lena ciotóg ar chiseán lán meacan casabhaigh a bhí á iompar ar bharr a cinn aici.

'Ní aithníonn tú mé, a stór, an aithníonn? Adriana an t-ainm atá orm. Mise a dhéanadh do bhricfeasta duit nuair a bhí tú fós ag stopadh tí Chico.'

Gan amhras, d'aithin Eoin anois í, an bhean ghorm sin a thug plátaí lán torthaí, prátaí milse bruite agus rollóga teo aráin isteach i seomra bia an bhrú óige, an gúna cadáis bán úd ag teannadh ar a mása móra. Dá bhféadfadh sé a fhiacla a chur i gceann de na rollóga aráin sin anois … Ach an oiread leis an lá roimhe, níor ith sé rud ar bith ar maidin ach leadhb nó dhó de mheacan casabhaigh bruite.

'Bíonn Chico ag caint ort go minic.'

'Abair leis go bhfuilim ag cur a thuairisce.' D'fhéach Eoin ar an gciseán ar bharr a cinn. 'Ar chuir sé an bealach ar fad go dtí an áit seo thú chun meacain chasabhaigh a cheannach don bhrú óige?'`

Rinne Adriana gáire a bhain creathadh contúirteach as an gciseán.

'Críochnaím tí Chico a luaithe is a bhíonn plátaí na dturasóirí nite agam. Téim caol díreach chuig na goirt ansin chun meacain a bhaint do na mná i dteach an chasabhaigh. Táim ar mo bhealach ansin anois.'

Stán Eoin uirthi, mearbhall air.

'Tá cónaí orm anseo, *amigo*.'

Theastaigh ó Eoin ceist eile a chur uirthi ach bhí Tayrone ag teacht aníos an bóithrín, doineann ag tórmach ar a aghaidh. Bhí ciúnas amscaí ann ar feadh soicind nuair a sheas sé in aice le hEoin.

'Seo é mo chara Tayrone,' a dúirt Eoin le Adriana ar deireadh.

'*Amigo*, ní gá duit eisean a chur in aithne dom,' a dúirt Adriana, póigín á séideadh i dtreo Tayrone aici go tarcaisniúil. 'Tá a fhios ag gach éinne cé hé siúd. Bhuel a Eoin, bhí sé go deas casadh leat arís ach tá mo mham ag fanacht liom i dteach an chasabhaigh.'

D'imigh sí léi síos an bóithrín faoin ngrian gharg, a tóin ag luascadh anonn is anall mar a bheadh long ar an bhfarraige ach an ciseán go socair suaimhneach ar bharr a cinn.

Rug Tayrone ar uillinn Eoin.

'Céard atá ar siúl agatsa anseo i lár an bhóthair? Tá tú ceaptha a bheith ag obair.'

Níor fhreagair Eoin. Bhí sé ag stánadh ar Adriana.

'Bean ghorm í sin,' a dúirt sé. 'Agus an bhean sin atá i gceannas ar theach an chasabhaigh, agus cuid de na gasúir sa scoil …'

'Tá ocras orm,' a dúirt Tayrone. 'Bhí mé ar mo bhealach chun tú a bhailiú. Ba cheart go mbeadh an lón réidh ag Tainá gan mhoill.'

Leis sin, d'imigh sé leis i dtreo na plásóige. Chuaigh Eoin ina dhiaidh, cúpla céim taobh thiar de, ceist chiotach nár nocht í féin go dtí anois díreach á casadh timpeall agus timpeall ina aigne aige. Bhí an imir cheannann chéanna ar chraiceann Tainá agus a bhí ar chailín an tsiopa éadaí. Murach an leacht gruaigdhírithe a d'úsáid Tainá, bheadh na caisirníní tiubha céanna ina gcuid gruaige. Cén difríocht a bhí eatarthu ar chor ar bith ach go raibh cónaí ar dhuine acu ar an tearmann agus go raibh cónaí ar an duine eile sa bhaile mór?

Go tobann, sula raibh an cheist réitithe aige, sheas sé ina staic. Bhí bratach Iosraelach ollmhór ar foluain i bhfuinneog cheann de na teachíní láibe.

'Cad sa foc?'

D'fhéach Tayrone thar a ghualainn agus chomharthaigh go raibh deifir air.

'Céard atá cearr anois? Nach bhfaca tú teampall soiscéalach riamh?'

'Ach nach bhfuil bhur reiligiún féin agaibh?'

'As ucht Dé ort!' Rinne Tayrone ar Eoin, a dhoirne lena bhaithis féin aige. 'An orainne an milleán gur scrios an fear geal ár gcreideamh? Gur scriosadh ár gcultúr? Go bhfuil orainn ár dteanga a fhoghlaim arís as leabhair?'

Rug sé ar lámha Eoin agus chuimil na bosa dá chliabhrach nocht ciardhonn féin.

'Agus céard sa foc atá mícheart le dath ár gcraicinn? An orainne an milleán gur éignigh an fear geal ár sinsir agus gur chuir sé na milliúin sclábhaithe as an Afraic ag obair ar ár dtailte?'

Sheas seanfhear i gculaith néata i ndoras an teampaill

shoiscéalaigh, Bíobla ina ghlac agus cuma bhuartha air.

Rinne Tayrone neamhaird den fhear agus thug sonc sa chliabhrach d'Eoin.

'Cé thusa le hinsint dúinn cad is treibh bhundúchasach ann?'

Thóg Eoin céim ar gcúl.

'Níl ...'

'Nach bhfuil sé le sonrú ar d'aghaidh? Nach bhfaca Wellington ar d'aghaidh inné é? Ceapann tusa gur cheart dúinn ar fad siúl timpeall leathnocht, cnámha inár srón agus péint ar ár n-aghaidh, ag cosaint na dufaire ar bholg folamh. Is dócha go gceapann tú freisin nár cheart dúinn gutháin chliste agus ríomhairí a bheith againn. Tá dul amú ort. Bundúchasaigh nua-aimseartha muid.'

Thóg Eoin céim eile ar gcúl. Bhí a dhroim le balla an teampaill shoiscéalaigh anois. Chroch sé a lámha in airde.

'Tóg go réidh é! Nílim ag iarraidh éinne a mhaslú. Nílim ag iarraidh amhras a tharraingt ar éinne. Nílim ach ag iarraidh bhur gcás a thuiscint.'

Tharraing Tayrone anáil dhomhain, leathshúil aige ar fhear an Bhíobla.

'Siúlaimis linn.'

Bhí an bóithrín tréigthe, an ruaig curtha ag marbhtheas an mheán lae ar gach uile neach beo, ach mhothaigh Eoin go raibh na scórtha péirí cluas ar bior taobh thiar de na ballaí láibe.

Bhí a aigne ina cíor thuathail. Ar chúis éigin tháinig Corca Dhuibhne chun cuimhne.

'Tayrone, an bhfuil a fhios agat go raibh mise i mo dhéagóir sula raibh mo theanga dhúchais féin agam?'

Ní raibh srian lena chuid cainte ansin; rinne Eoin cur síos ar stair achrannach na hÉireann. Lean siad leo i dtreo an tí, Eoin ag insint faoi na samhraí ar fad a chaith sé sa Ghaeltacht, faoin gcéad troid, faoin gcéad phóg, faoin náire a bhí air an chéad bhliain nuair nár thuig sé focal dá ndúirt Bean Mhic Ghearailt agus faoin mbród a mhothaigh sé nuair a dúirt sí, an samhradh deireanach, go gceapfadh duine ar bith de mhuintir na háite gur ar an mBuailtín a tháinig sé ar an saol, agus ní i Sionainn.

Ba léir go raibh Tayrone idir dhá chomhairle nuair a bhain siad an teach amach, ach sa deireadh d'oscail sé an doras.

'Is cosúil go bhfuil tú níos cosúla linn ná mar a cheap mé.'

Chroch Eoin cúinní a bhéil mar fhreagra.

Rinne Tayrone leathgháire beag.

'An bhfuil ocras ort?'

'Tá.'

'Isteach linn mar sin.'

Bhí Tainá ag feitheamh leo, ach a luaithe is a bhí a cuid pónairí ite aici d'imigh sí ar ais go dtí an scoil. Chríochnaigh Eoin agus Tayrone a mbéile ina dtost. Nuair a bhí siad réidh d'éirigh Eoin chun na plátaí a ní, ach dúirt Tayrone leis suí síos.

'Shílfeá go bhfuil do dhóthain d'obair na mban déanta agat inniu.'

Fiú má bhí sé ag magadh, níor shíl Eoin go raibh sé greannmhar.

'Caithfidh mé rud éigin a dhéanamh chun mo chuid a shaothrú anseo,' a dúirt sé, ag stánadh amach roimhe.

Leath straois ghlic ar Tayrone.

'Téimis ar shiúlóid bheag.'

Bhí siad ag druidim le fáschoill ag bun an bhóithrín ó dheas ón bplásóg, an t-aon cheann amháin de cheithre bhóithrín an bhaile nach ndeachaigh Eoin isteach ann roimhe sin. Bhí éin bheaga, bhuí ag scréachach os cionn na coille: seacht gcinn, ocht gcinn, naoi gcinn – bhí a oiread acu ann nach raibh Eoin in ann iad a chomhaireamh. Bhí siad rósciobtha dó, a mbrollaigh gheala ina lasracha sa spéir ghorm. D'éirigh siad suas go hard os cionn na gcrann agus thum siad síos i ndorchadas an duilliúir de ruathar ansin faoi mar a bheadh eitleáin chogaidh iontu. Chuaigh a mbéicíl go cnámh.

'Ar cheart dúinn casadh timpeall?' a d'fhiafraigh sé.

D'fhan Tayrone ina thost.

Lean siad an bóithrín isteach san fháschoill. D'aithin Eoin na crainn. Crainn chacó ba ea iad, mar a bhí ar chúl bhrú óige Chico. Ach cad é sin thall? An raibh cleas á imirt ag a shúile air nó an raibh meall mór dorcha éigin i bhfolach idir na crainn díreach rompu, cruth cearnógach air? Sular éirigh leis a dhéanamh amach cad a bhí ann, réab ceann de na héin tríd an aer díreach os a chomhair.

'Nárbh fhearr dúinn casadh timpeall?'

'Ní orainne atá siad ag iarraidh an ruaig a chur ach ar an leaid sin.'

Dhírigh Tayrone a mhéar in airde. Baineadh an anáil d'Eoin. Bhí teach mór dóite rompu. Agus bhí seabhac ina shuí ar bhinn an tí.

D'oscail Eoin a bhéal ach níor tháinig aon chaint chuige. Stán sé ar an teach loiscthe. Mheabhraigh an fothrach blaosc dó: an díon basctha, dhá logall fholmha san áit a raibh dhá fhuinneog tráth, poll dorcha san áit a mbíodh an doras. Bhí na féitheacha a bhí ag lúbarnaíl aníos ar na ballaí beagnach ag beanna na ballóige. Cá mhéad orlach a d'fhásfadh féith in imeacht bliana? Cá mhéad bliain eile a thógfadh sé ar an dufair an teach seo a ghlanadh as cuimhne na ndaoine?

'Mar a fheiceann tú, bhí cóisir bheag againn nuair a …' Níor chríochnaigh Tayrone an abairt. Chrom sé síos agus rug ar chloch bhiorach a bhí ina luí ar an talamh. D'éalaigh an seabhac leis ar an toirt, ach níor leag Tayrone uaidh an chloch... 'nuair a chuireamar an ruaig ar an bhfear geal!'

Léim Tayrone mar a bheadh iaguar ann agus bhagair an chloch ar Eoin, ach rug seisean ar rosta Tayrone díreach sula dteagmhódh bior na cloiche lena leiceann.

D'fhuascail Tayrone é féin ó ghreim Eoin. Leath straois leathan ar a aghaidh.

'Ná bíodh faitíos ort, *my brother*. Níor theastaigh uaim ach tú a thástáil.'

'A chuint!' Bhrúigh Eoin Tayrone uaidh le fórsa.

'Rinne tú go maith,' a dúirt seisean, amhail is nach raibh rud ar bith as an ngnáth tar éis tarlú. 'Fear láidir thú agus fear sciobtha leis, is léir. Má theastaíonn uait, is féidir leat oibriú liomsa feasta. Tá gá againn le do leithéid i mbuíon na bhfear faire.'

Ar éigean a bhí Eoin in ann an méid seo a chreidiúint. Mhaith sé a chleas suarach do Tayrone ar an bpointe boise.

'Má theastaíonn uaim? B'aoibhinn liom sin!'

D'ardaigh Tayrone a dheasóg le go ndéanfaidís bosa arda.

'Bíodh ina mhargadh, *my brother*! Fáilte romhat ar an meitheal.'

12

Bhí siad ar chuid den tearmann nach raibh feicthe ag Eoin roimhe sin. Ar maidin, tar éis an chasabhaigh bhruite agus an chaife lag, rómhilis, thóg siad an bóithrín soir. Chas siad ar dheis ag an riasc agus lean siad bruach an locháin ansin. Tar éis tamaill bhí siad tar éis casadh ar dheis arís, isteach i gcosán a bhí dian ar na colpaí agus a bhí á dtabhairt suas ar mhullach ard. Dumhach a bhí ann de réir cosúlachta; gaineamh seachas créafóg rua faoina gcuid flip fleapanna.

Bhí Tayrone agus Eoin leo féin; bhí Jonas, Marcos agus Ubiratan ar patról áit éigin eile. Ó am go chéile, bhí Tayrone i dteagmháil leo ar a ghuthán póca. Cé gur Portaingéilis agus ní teanga na treibhe a labhair na fir faire lena chéile, dála mhuintir an tearmainn ar fad, níor thuig Eoin mórán dá raibh á rá.

'Ná bí buartha,' a dúirt Tayrone nuair a chonaic sé an mearbhall ar aghaidh a chomrádaí. 'Seo é do chéad lá. Tabharfaidh tú ár gcód leat in am trátha.'

Ba léir nár thaitin gaineamh na duimhche le crainn na dufaire. Crainn níos lú a d'fhás anseo agus ba mhó i bhfad an spás a bhí eatarthu. D'fhan Eoin ina sheasamh ag crann aisteach amháin a raibh craobhacha chomh casta sin aige go raibh an chuma orthu go raibh siad tar éis dul ar strae arís is arís eile ina saol. Ní sna craobhacha a chuir sé suim, áfach, ach sna torthaí órbhuí a d'fhás orthu. Bhí lúibín aisteach glas ag bun na dtorthaí a bhí cosúil leis an straithín faoin litir 'ç'. Rug Eoin ar cheann acu.

'Cúramach,' a dúirt Tayrone. 'Tá an cnó sin nimhneach, caithfear é a róstadh sular féidir é a ithe.'

Bhí a fhios ag Eoin anois cá raibh na lúibíní sin feicthe aige roimhe seo. Cnónna caisiú a bhí iontu! Leath meangadh air ó chluas go cluas. Uaireanta, bhí sé deacair a chreidiúint go raibh sé chomh fada sin ó bhaile.

Shiúil siad leo tríd an ngaineamh mín. Bhí toim *hibiscus* ag fás in aice leis an gcosán in áiteanna, agus shíl Eoin gurbh iad na bláthanna sin na cinn ab áille dá bhfaca sé riamh. Bhí siad mór millteach, gáifeach agus gáirsiúil: teangacha fada caola ag gobadh amach as béil dhearga, bhándearga agus bhuí. Ansin chonaic sé tréanfhuadar gorm: dordéinín ag eitilt ó thom go tom, a ghob fada á shá isteach i mbéal gach blátha aige chun an mhil a shú as.

Lean siad an cosán in airde. De réir a chéile, ghéill cumhracht na meala slí do bholadh sáile. Bhain an radharc a bhí rompu nuair a shroich siad barr na duimhche an anáil d'Eoin.

Os a gcomhair amach, ar an taobh thall den bhóthar tarmaic thíos in íochtar, bhí blár gorm gan srian. Ar chlé agus ar dheis uathu agus taobh thiar díobh, leath glaise dhiamhair amach fad radharc na súl.

Thall ar chlé, ag bun na spéire ar fad, bhí meall liath ar imeall na dufaire: an baile mór. Taobh thiar d'Eoin agus Tayrone bhí paiste beag donnrua le feiceáil: baile na mbundúchasach. Bhí spota geal ar bharr cnoic leathbhealach idir an dá bhaile, spota a bhí chomh buí le banana.

'Cá bhfuil teorainn an tearmainn?' a d'fhiafraigh Eoin.

'An é an tearmann a gealladh dúinn atá i gceist agat nó an limistéar atá inár seilbh? Níl athghabháil déanta againn go dtí seo ach ar naoi gciliméadar chearnacha is tríocha, ach tá cúig chéad fiche is a sé chiliméadar chearnacha geallta dúinn. Ar pháipéar, síneann an tearmann chomh fada le himeall an bhaile mhóir.'

Rinne Eoin dearmad ar an spota buí ar an bpointe boise. Cúig chéad fiche is a sé chiliméadar chearnacha, ba mhór an méid é sin! Bhorr tírghrá ina chliabhrach agus bród. Chaithfí an parthas seo a chosaint. Nár mhór an onóir é gur ar a ghuaillí féin a luigh cuid thábhachtach den ualach sin anois?

Ní raibh neart aige air féin agus lig sé liú áthais as. Bhí faitíos air go dtabharfadh Tayrone amach dó, ach lig seisean gáir chatha fhíochmhar dá chuid féin as. Bhreathnaigh siad ar a chéile agus thuig siad go bpléascfadh a gcroí le teanntás dá bhfanfaidís ina seasamh. An chéad rud eile bhí an bheirt acu ag rith ar dhroim na duimhche, gach liú astu, an gaineamh ag éirí aníos ón gcosán. Léim siad, an bheirt acu ag an am céanna, agus thosaigh siad ag déanamh rothchastaí. Timpeall agus timpeall a chas siad, go dtí gur leaindeáil deasóg Eoin i ngaineamh a bhí fliuch agus dearg.

Bhí stócach ina luí faoi scáth tom mór *hibiscus*. Bhí a lámha ceangailte taobh thiar dá dhroim le sreang phlaisteach. Bhí poll i gcúl a chinn. Bhí fuil agus smionagar cnámh greamaithe i gcírín fionn a chuid gruaige.

'Ní raibh na sé bliana déag slánaithe aige sin fós,' a dúirt Tayrone.

Bhí mealbhacán uisce ann mar mhilseog tar éis casabhach bruite agus caife lag, rómhilis na hoíche, ach ní raibh Eoin in ann é a ithe. Bhí an mealbhacán rófhliuch agus ródhearg.

'An bhfuil tú cinnte nach mbeidh slisín agat?' a d'fhiafraigh Tainá.

Bhí siad sa teach leo féin. Bhí Tayrone san *oca*, cruinniú práinne gairmthe ag an *Cacique*.

'Bhí sé chomh hóg sin. Nuair a d'iompaíomar ar a dhroim é,

bhí mé chomh gar sin dá aghaidh … Ní raibh clúmh ar bith ar a leicne fós.'

Chuir Tainá an slisín den mhealbhacán uisce a bhí á ithe aici síos ar a pláta. Bhreathnaigh sí sa dá shúil ar Eoin.

'Cén fáth a gceapann tú gur luigh mise leatsa an chéad oíche a casadh orm thú? Cén fáth a gceapann tú gur lig mé duit bogadh isteach an oíche dár gcionn? Seans nach bhfaighinn an deis arís, an dtuigeann tú? D'fhéadfainn a bheith ar an gcéad duine eile. D'fhéadfaimis ar fad. Triúr is fiche againn atá marbh anois, idir mhná agus fhir, idir óg agus aosta.'

Go tobann, bhí cuma dhifriúil ar an loinnir a bhí fágtha ag sú an mhealbhacán uisce ar bheola Tainá. Chrom Eoin ina treo, phóg í agus bhog iallacha a léine anuas dá guaillí nochta, áthas an domhain air go raibh siad beirt beo.

13

Bhí Eoin tar éis siúl síos go dtí an trá. Maidin Luain a bhí ann. A chéad lá saor le coicís. Ní ag trá ollmhaidhm Havaiana de Pau a bhí sé ach ag trá eile, níos gaire don bhaile bundúchasach.

Ní raibh duine ná deoraí le feiceáil, ach bhí an trá lán beatha. Bhí éiníní beaga bána ag rith anonn is anall ar an gcladach agus bhí éin mhóra dhubha ag guairdeall go hard sa spéir. Chuir portán beag buí a chloigeann amach as poll sa ghaineamh, dhá shúil a sheas ar chipíní beaga ar bharr a chinn ag faire go faiteach ar Eoin.

'Aon scéal agat?' a d'fhiafraigh Eoin.

Sciorr an portán isteach ina pholl.

'Níl tusa ag iarraidh labhairt liom ach oiread, mar sin.'

Is maith a thuig Eoin cad ba chionsiocair lena uaigneas. I dteannta Tayrone a chaitheadh sé an lá agus i dteannta Tainá a chaitheadh sé an oíche, agus dá bharr sin ní raibh aithne curtha aige ar mhórán eile den treibh. Bheannaigh na fir faire eile dó, ach b'in é é. Ar éigean a labhair na fir ar mheitheal na foraoise leis. Sheachain mná an bhaile a shúile, fios acu go maith go raibh sé in aontíos le Tainá. Uair ar bith dá ndeachaigh scata déagóirí thar bráid, bhídís ag sioscadh, ag sciotaíl agus ag scig-gháire.

Chuir an portán súil amháin amach as an bpoll. Nuair a chonaic sé go raibh Eoin fós ag féachaint air, chuaigh sé i bhfolach arís.

Bhí Eoin ag cuimhneamh ar shurfáil cholainne a dhéanamh, ach ní raibh na tonnta sách ard. Chuaigh sé ar shiúlóid in aice leis an mbrachlainn ina ionad, ach d'fhan sé ina sheasamh nuair a tharla sé ar charraig dhubh íseal a raibh feamainn ar dhath na dufaire ag fás ar na codanna ab airde.

Is éard a mheall a aird ná go ndearnadh oileán den charraig gach uair dár spréigh tonn amach ar an trá. D'fhéach sé ar an sáile ag teacht agus ag imeacht ar feadh i bhfad.

Dá mba thírín é an t-oileán seo? Dá mba thírín é an t-oileán seo, agus dá mbeadh sé féin i gceannas ar na fir uaisle agus ar na mná suáilceacha a chónaigh ann? Scrúdaigh Eoin an charraig oileánda ar thóir baile dá threibh.

Gan mhoill, d'aimsigh sé áit a dhéanfadh caladh sábháilte, foscadh ann ó fharraigí arda do loingeas bád iascaireachta. Taobh thuas den chaladh bhí machaire réidh a bhféadfaí eallach a chur ag innilt ann agus barra a chur.

Cnocáin chreagacha a bhí sa chuid eile den oileán carraige. Ní chuirfí isteach ar an dufair a chlúdaigh iad. Ach dá mbeadh rath ar an oileán agus méadú ar an daonra dá réir, an mbeadh dóthain le hithe ag a threibh? An mbeadh orthu an dufair a bhaint?

Bhí carraig eile ann, trí nó ceithre chéim ar chlé, turas gearr báid. Dá dtiocfadh ocras ar a threibh, ar cheart dóibh dul ansin in ionad an dufair ar a n-oileán féin a bhaint? Agus, má bhí daoine ina gcónaí ar an dara hoileán, ar cheadmhach dá threibh iad sin a chur as seilbh?

Ar chuir Dia na ceisteanna sin air féin sular chruthaigh sé an domhan?

Chas Eoin timpeall. Bhí tinneas cinn ag teacht air agus ní raibh sé ag iarraidh oileán ar bith a fheiceáil a thuilleadh.

Ní raibh ach céim nó dhó curtha de aige nuair a bhuail rud éigin in aghaidh a choise. Ba bheag nár thit sé as a sheasamh le mearbhall nuair a chonaic sé cad a bhí ann.

D'aithin sé a chlár surfála féin ar an toirt, fiú agus é briste; ní raibh anseo ach an leath deiridh.

Chuardaigh sé an fharraige go grinn, súil aige go n-aimseodh sé an leath tosaigh, ach ní raibh radharc ar bith uirthi. Lig sé sranu searbhais as. Fiú dá mbeadh an leath eile aige, ní raibh gliú ar bith ar domhan a choinneodh an dá leath le chéile anois.

Rug sé ar an gclár briste agus shac an taobh scoilte sa ghaineamh, in aice leis an oileán carraige. Ach nuair a chonaic sé an chuma a bhí ar a chuid ealaíne tháinig fuarallas leis: leac uaighe a bhí sa leathchlár. Níor mhór dó imeacht ón áit seo sula ndéanfadh sé dochar dó féin.

Bhí Land Rover dubh páirceáilte taobh amuigh den bhrú óige. Bhí Chico ina sheasamh in aice leis. Bhí fuinneog an chairr íslithe. D'aithin Eoin an fear maol ramhar a bhí ina shuí i suíochán an tiománaí láithreach.

Bhain an fear agus Chico lán a súl as Eoin, amhail is go raibh ainmhí aduain rompu.

'Artur, seo é Eoin, cara liom as Éirinn,' a dúirt Chico ar deireadh. 'Oibríonn sé le cearta daonna.'

Ghlan an fear maol a scornach go glórach.

'Daoine a oibríonn le cearta daonna sa tír seo, ní theastaíonn uathu ach iad féin a chur chun cinn. Tá seachrán ar éinne a cheapann go n-athróidh rud ar bith sa tír seo choíche. Gabh i leith, Chico, glaofaidh mé ort níos déanaí.'

Bhrúigh an fear cnaipe agus rolláil fuinneog dhubh dhorcha aníos. Las an t-inneall agus d'imigh an Land Rover síos an bóithrín, isteach sa dufair.

Rug Chico ar ghuaillí Eoin agus thug creathadh cairdiúil dó.

'A Eoin! Tá sé go hiontach tú a fheiceáil! Ach abair seo liom, nach bhfuil aon lann rasúir sa tearmann?'

Chuimil Eoin a lámh dá leiceann féin agus rinne gáire. Bhí coicís ann ó bhearr sé é féin.

'Tá siopa beag ar an mbaile, ach bíonn sé dúnta faoin am a ...'

'Tabharfaidh mé ceann duit. Tá ualach de na cinn shaora bhuí sin agam. Tá do sheanseomra folamh. Bíodh cith agat. Beidh cupán caife, greim le hithe agus comhrá ceart againn nuair a bheidh tú glanta suas.'

Tríocha céim nó beagán lena chois a bhí sa teocht taobh amuigh, ach chas Eoin an t-uisce te ar siúl ós rud é go raibh a leithéid ar fáil. Ní raibh acu sa tearmann ach buicéad a d'fhéadfaí a chrochadh ó chrann ar chúl an tí; bhí ort téad a tharraingt chun an t-uisce a dhoirteadh anuas ort féin.

Thriomaigh sé é féin agus sheas os comhair an scatháin. Bhí scathán beag acu sa teachín láibe, ach bhí sé chomh beag sin nach raibh duine in ann a aghaidh iomlán a fheiceáil ann. Bhain a bhfaca sé i scathán mór a sheanseomra siar as.

Aduaidh as na Speiríní a tháinig an fhéasóg rua sin; bhí gruaig rua ar mhuintir a mháthar ar fad. Ó cheantar Shliabh Bearnach in oirthear an Chláir don ghruaig fhionn, mar aon lena shloinne.

Bhí a fhéasóg agus a fholt mar a bheadh fráma timpeall ar a aghaidh, ach níor fheil an fráma sin don íomhá ghriandaite a bhí istigh ann a thuilleadh. Nár dhuine de mhuintir na treibhe anois é?

Chuimil sé sobal bearrtha isteach ina chlúmh agus a chraiceann agus chuir an lann rasúir lena leiceann. Nuair a bhí a fhéasóg bainte, chuimil sé sobal isteach ina fholt agus i gcraiceann a chinn agus bhain a chuid gruaige ar fad. Thóg sé tamall fada air agus ghearr sé é féin faoi dhó, ach nuair a bhí sé críochnaithe ní raibh oiread agus ribe fágtha, fionn ná rua.

Níor leor é, áfach. Bhí a shúile fós gorm.

Bhí Chico ina shuí sa seomra bia. Bhain sé a spéaclóirí gréine de nuair a tháinig Eoin isteach.

'Ní leor duitse leathréiteach riamh, an leor?'

Chuimil Eoin bos a láimhe dá chloigeann glanbhearrtha agus rinne gáire leamh.

'Théigh mé suas cúpla rollóg aráin duit,' a dúirt Chico agus sméid i dtreo pláta a bhí ar an mbord.

Rug Eoin ar cheann de na rollóga agus chuir a fhiacla ann.

'Tá faitíos orm gurb é seo an méid atá agam duit ó thaobh bia de,' a dúirt Chico. 'Caithfidh mé dul isteach go dtí an baile mór ar ball chun siopadóireacht na seachtaine a dhéanamh.'

'Ná bí buartha faoi,' a dúirt Eoin, a bhéal lán. 'Tá coicís ann ó bhlais mé arán. Tá casabhach ag teacht amach as mo chluasa.'

Rug sé ar rollóg eile.

Rinne Chico *espresso* mór an duine dóibh. Chuir an leacht dubh an ruaig ar bhlas an chaife lag a mhair i mbéal Eoin ó mhaidin. Spreag an caife chun cainte é agus gan mhoill bhí cur síos á dhéanamh aige do Chico ar gach rud a bhí tar éis tarlú le coicís anuas. Tháinig creathadh ina ghlór nuair a d'inis sé scéal an stócaigh scairtigh.

'Tusa a tháinig ar chorp an leaid sin? Dia ár réiteach.' Chroith Chico a cheann. 'Sin cúigear is fiche marbh le dhá bhliain anuas.'

'Cúigear is fiche? Triúr is fiche a deir siad ar an tearmann.'

Chuir Chico strainc air féin.

'An gceapann tú gur Indiaigh amháin atá á marú sa chogadh seo?'

D'fhan Eoin ina thost.

'An fear a bhí anseo ar ball, Artur, ba leis-sean an phlandáil ar a bhfuil do chairde chun cónaithe. Mharaigh siad a bheirt mhac.'

Phreab scáil an tí dhóite idir na crainn chacó isteach in aigne Eoin, ach dhíbir sé an íomhá ar an bpointe boise agus thug dúshlán Chico lena shúile.

'Ní bheadh siadsan ná aon duine eile, buí, geal ná riabhach tar éis bás a fháil dá mbeadh beart déanta de réir a mbriathar ag an rialtas. Gheall siad an talamh don treibh. Geallúint is ea geallúint.'

Lig Chico osna chráite as agus chroith a cheann.

'Tá sé an-éasca ag dream éigin in Brasília líne a tharraingt ar mhapa agus tearmann a chruthú ar pháipéar. Ach tá teaghlaigh nach Indiaigh iad ina gcónaí anseo leis na cianta. Mo shin-seanathair a thóg an áit seo.'

'Ach nach dtabharfar cúiteamh dóibh siúd a mbeidh orthu bogadh?'

Bhí Eoin sásta gur chuimhnigh sé 'dóibh siúd' a rá in ionad 'daoibh', cé gur rímhaith a thuig sé, ó thaispeáin Tayrone teorainneacha an tearmainn dó ó bharr na duimhche, go raibh brú óige Chico ar an talamh a gealladh don treibh.

Rug Chico ar chupán folamh Eoin agus ar a chupán folamh féin, chuir in aice lena chéile iad i lár an bhoird agus d'iompaigh ceann acu bunoscionn. Ansin rug sé ar an dá fhochupán agus chuir idir na cupáin iad, go hingearach, taobh le taobh; choinnigh sé a chorrmhéar ar na fochupáin ionas nach dtitfidís.

'Céard é seo, meas tú?'

Chroch Eoin a ghuaillí, mearbhall air.

'Tithe an Rialtais in Brasília. Ceann de na príomhshaothair ag Oscar Niemeyer, an t-ailtire is fearr sa tír seo riamh.'

Rinne Eoin gáire.

'Aithním anois iad.'

'An bhfuil a fhios agat céard a thugtar ar an bhfoirgneamh sin i mbéal an phobail? Dhá phláta fholmha agus ceapaire gan aon rud idir na slisíní aráin.' D'fhéach Chico sa dá shúil ar Eoin. 'An dtuigeann tú céard atá i gceist agam? Geallúintí fánacha leis na hIndiaigh, geallúintí fánacha linne. Agus fiú dá n-íocfaí cúiteamh linn, an féidir caillteanas mar seo a chúiteamh le duine ar chor ar bith? Baile, agus baile a shinsear leis?'

'Sin ceist a chaithfeá a chur ar na bundúchasaigh, is dócha,' a dúirt Eoin.

'Bíonn dhá thaobh ag gach uile scéal.' D'éirigh Chico, rug ar thithe an rialtais agus thug isteach sa chistin iad.

Rug Eoin ar an rollóg aráin dheireanach a bhí fágtha, d'fhéach air, agus chuir ar ais ar an bpláta é. Ní raibh aon ghoile aige a thuilleadh.

'Ní raibh sé i gceist agam troid a thosú,' a dúirt sé nuair a tháinig Chico ar ais ón gcistin. 'Mhothaigh mé uaim ár gcomhráití.'

Chuir Chico a lámh ar ghualainn Eoin. 'Mhothaigh mé do chomhluadar uaim freisin, ach b'fhearr dúinn an t-ábhar seo a sheachaint. Cogar, caithfidh mé dul isteach sa bhaile mór chun siopadóireacht na seachtaine a dhéanamh. Tá fáilte romhat teacht liom má theastaíonn uait.'

Tharraing siad isteach i gcarrchlós.

'Feicfidh mé i gceann uair an chloig thú, mar sin.' Chuaigh Chico isteach san ollmhargadh.

Thrasnaigh Eoin an mórbhealach thar dhroichead do choisithe, sheiceáil go raibh an deich *real* a bhí faighte ar iasacht ó Chico aige fós ina phóca agus rinne a bhealach i dtreo lár an bhaile mhóir, ar thóir caifé idirlín.

Bhí an t-ádh leis. Ní raibh ach cúpla céad méadar curtha de aige nuair a d'aimsigh sé siopa beag stáiseanóireachta a raibh dhá ríomhaire ann a d'fhéadfaí a úsáid ar *real* in aghaidh na huaire. Sladmhargadh – bheadh airgead fágtha aige d'uachtar reoite nó a leithéid! Labhair sé leis an bhfear óg a bhí i bhfeighil an tsiopa agus shuigh síos ag ceann de na ríomhairí.

Logáil sé isteach ina chuntas ríomhphoist. Bhí teachtaireacht óna mháthair ag barr an liosta ina bhosca isteach. D'fhreagródh sé an ceann sin ar ball. Níor mhór dó a mhíniú di go raibh sé lonnaithe i lár na dufaire anois agus nach mbeadh deis aige teagmháil a dhéanamh léi féin ná lena athair ach amháin nuair a tharla sa bhaile mór é. Ní déarfadh sé rud ar bith faoin scoláireacht go fóill. Bheadh air an scéal sin a thabhairt dóibh am éigin amach anseo, agus bheadh air a mhíniú dóibh gurbh é an tearmann a bhaile anois agus gur dhóichí ná a mhalairt nach mbeadh sé ar ais in Éirinn go ceann tamaill an-an-fhada, ach ní raibh sé réidh chun a gcroí a bhriseadh go fóill.

Chaith sé súil ar an gcuid eile de na teachtaireachtaí. I bhfolach idir nuachtlitreacha, nuashonruithe ó na meáin shóisialta agus teachtaireachtaí fógraíochta chonaic sé teachtaireacht leis an teideal 'Drochscéal'.

Níor aithin sé céadainm an duine a sheol í, ach d'aithin sé an sloinne. An teachtaireacht a scriosadh an chéad rud a rith leis. Ach amhail is go raibh aigne dá gcuid féin acu, bhog a mhéara an luchóg agus chliceáil siad ar an teachtaireacht chun í a oscailt.

A Eoin,

Seo Bairbre, deirfiúr Dheirdre. Fuair mé do sheoladh ríomhphoist i ndialann Dheirdre. Labhair sí ort go minic. Tá a fhios agam go raibh sibh mór le chéile tráth ach nach raibh le tamall; mar sin féin mothaím go bhfuil dualgas orm teagmháil a dhéanamh leat óir baineann an scéal seo leat.

A Eoin, níl aon bhealach éasca ann chun é seo a rá. Tá Deirdre i ndiaidh bás a fháil. Fuarthas a corp ag bun Aillte an Mhothair ar Aoine an Chéasta.

Ní dhéarfaidh mé rud ar bith eile. Ní thabharfaidh aon rud ar ais í.

Bairbre.

Bhí an siopa stáiseanóireachta faoi uisce. Bhí scáileán an ríomhaire i bhfolach taobh thiar de bhalla sáile. Ba bheola éisc iad beola an fhir óig a bhí i bhfeighil an tsiopa: bhí rud éigin á rá aige ach níor chuala Eoin faic.

Bhí an baile mór ar fad faoi thuile: an tsráid, an droichead do choisithe, an mórbhealach, carrchlós an ollmhargaidh. Faoi dheireadh, d'aimsigh Eoin an Kombi agus shuigh síos sa scáth lena hais. Bhí folús in íochtar a bhoilg, san áit, a shamhlaigh sé, atá broinn i mbean. D'fhás an folús agus shlog é.

Cleatráil challánach a bhris an folús sa deireadh. D'fhéach sé suas de gheit. Bhí Chico ag druidim leis, cairtín siopadóireachta á bhrú roimhe aige a bhí ag cur thar maoil le hearraí grósaera. Bhí ceann de rothaí an chairtín briste.

Bhí an ghrian ag ísliú os cionn na dufaire. Bhí surfálaithe ag marcaíocht ar ollmhaidhm Havaiana de Pau. Bhí a shúile dírithe ar an mbóthar ag Chico.

'Bhí sí níos sine ná tú, nach raibh?'

Chlaon Eoin a cheann mar fhreagra.

Tharraing Chico anáil fhada.

'Is féidir leat tú féin a chrá ar feadh an chuid eile de do shaol, ach ag deireadh an lae, bean fhásta a bhí inti. Ní tusa a bhrúigh thar aill í. Ise a léim. Táimid ar fad freagrach as ár ngníomhartha féin.'

Níor fhreagair Eoin go dtí gur tharraing siad isteach sa leataobh ag bun bhóithrín an bhaile bhundúchasaigh.

'Go raibh maith agat as an tsíob.'

Chlaon Chico anall chuige thar ghiarbhosca an Kombi agus d'fháisc barróg air.

'Tabhair aire duit féin.'

14

Chuala Eoin an ceol sular thrasnaigh sé an riasc; bhain geonaíl an amhránaí úd agus a ghlór srónach macalla as na cnocáin dhorcha. Nuair a bhain sé an bruach thall amach, chonaic sé go raibh muintir an bhaile ar fad bailithe le chéile sa phlásóg. Bhí Wellington ina sheasamh ag béal an bhóithrín anoir ón riasc, scéal á reic go gleoiréiseach aige do thriúr cailíní.

Níor theastaigh ó Eoin ach dul caol díreach abhaile, ach scairt Tainá anall air, iarracht den alltacht ina glór. Bhí sí féin agus Tayrone ina seasamh ar imeall an tslua, canna beorach an duine acu. Chruinnigh Eoin a neart, chinntigh nach raibh an drochscéal a bhí faighte aige le léamh ar a aghaidh agus chuaigh anonn chucu.

'Cén fáth ar bhain tú do chuid gruaige go léir?' a d'fhiafraigh Tainá. 'B'aoibhinn liom do chuid gruaige.'

Rinne Eoin meangadh gáire leithscéalach.

'Oireann sé dó,' a dúirt Tayrone agus d'oscail canna beorach d'Eoin sula raibh seans aige sin a rá nach raibh fonn óil air.

Chuimil Tayrone a lámh dá chloigeann glanbhearrtha féin. 'Tá cuma an tsaighdiúra air anois.'

Bhí boladh ar an aer a mheabhraigh d'Eoin go raibh a bholg folamh.

'Cad é an ócáid mhór, pé scéal é?' a d'fhiafraigh sé sula gcuirfidís a thuilleadh ceisteanna air.

'Nár chuala tú?' a dúirt Tayrone. 'Tháinig Wellington ar nathair mhór inniu agus mharaigh sé í. Buachrapaire a raibh fad cúig mhéadar inti. Béile mór feola don bhaile ar fad!'

Thit croí Eoin nuair a chonaic sé seanbhean theach an chasabhaigh ag déanamh air agus pláta ina lámh. Bhí feoil bhán ar an bpláta – gríscín mór – agus rud beag ríse, ruainne pónairí agus spúnóg den phlúr casabhaigh. Níor theastaigh uaidh a bheith mímhúinte agus ghlac sé leis, ach a luaithe is a d'imigh an tseanbhean ar ais go dtí an branra mór mar a raibh an nathair á róstadh, thairg sé an béile do Tainá.

Ach chroith sí a ceann.

'Bain triail as! Tá sé an-bhlasta.'

Rinne Eoin iarracht an pláta a thabhairt do Tayrone ansin, ach ní ghlacfadh seisean leis ach an oiread.

'Tá mo sháith ite agam. Ach níor cheart duitse do chuid a dhiúltú. Ní thagann a leithéid le spiorad an tearmainn. Agus thairis sin, ní fios cathain a bheidh flúirse feola mar seo arís ann.'

D'fhéach Eoin ar an ngríscín feola. Bhí neart bia aisteach ite aige ó tháinig sé go dtí an Bhrasaíl – ach feoil nathrach, scéal eile ar fad a bhí ansin. Ach bhí boladh meallrach uaidh agus bhí ocras an domhain air.

Shuigh sé síos ar bhlocán adhmaid agus chuir an pláta ar a ghlúine. Scar sé píosa den fheoil leis an sceanra plaisteach a bhí tugtha ag an tseanbhean dó agus chuir ina bhéal é. Leath a shúile air le hiontas agus ligh sé a bheola.

'Tá blas troisc ar an bhfeoil seo!'

D'alp sé píosa mór eile. Gan mhoill, bhí a phláta folamh.

Thug Tayrone canna beorach eile dó.

'Gabh i leith, an bhfuil tú in ann damhsa?'

D'fhéach Eoin i leataobh; thráigh an misneach a bhí tugtha ag an mbéile dó ar an bpointe boise. Bhí a fhios aige go gcuirfí an cheist seo air luath nó mall. Ba chuimhin leis ón dá mhí a bhí caite in Rio de Janeiro aige gurbh é an rud ba mhó a thaitin le muintir na Brasaíle ná *gringos* a fheiceáil ag baint tuislí astu féin agus iad ag déanamh iarrachta a gcuid féin a dhéanamh den *samba*.

Ach ní albam de cheol spleodrach *samba* a bhí á chasadh ar an gcóras fuaime – dhá challaire mhóra a bhí casta i dtreo na plásóige i bhfuinneog oscailte cheann de na teachíní láibe. Geonaíl mhall chráite an amhránaí úd leis an nglór srónach agus a mhéarchláir lofa a spreag an slua i mbun scléipe.

D'éirigh Eoin agus d'fhéach ina thimpeall. Bhí gach duine ag damhsa, idir óg agus aosta, ina n-aonar nó i mbeirteanna. Damhsa mall, gáirsiúil a bhí ann, na cromáin á luascadh anonn is anall, siar is aniar ag fir agus ag mná araon ar shlí a thug ar Eoin a shúile a bhaint díobh le teann náire. Bhí Tainá ag faire air.

'Gabh i leith,' a dúirt Tayrone. 'Múinfidh mise duit é.'

Sheas sé in aice le hEoin, chuir dorn dúnta a dheasóige lena bhaithis amhail is go raibh an crá croí i ngoltraí an amhránaí leis an nglór srónach á fhulaingt aige féin, agus luasc a choim i ngluaiseacht ghrástúil, gháirsiúil gan stad. Níor stop sé go dtí go ndearna Eoin iarracht, sa deireadh, a shampla a leanúint.

Phléasc Tayrone ag gáire.

'Tá tú cosúil le bean rialta ag damhsa! Gabh i leith, tá sé fíoréasca. Níl ort ach ligean ort féin go bhfuil an litir W á scríobh san aer agat le do bhod.'

Luasc Tayrone a choim arís agus rinne Eoin aithris air, ach ba ghearr go raibh Tayrone sínte ag gáire an athuair.

'Shílfeá nach bhfuil léamh ná scríobh agatsa!'

'Éirigh as,' a dúirt Tainá lena dearthair. 'Múinfidh mise dó é.'

D'fháisc sí Eoin chuici, bhreathnaigh isteach go domhain ina shúile agus threoraigh a chosa lena ceathrúna féin. De réir a chéile, ghéill Eoin dá stiúir agus do rithim an cheoil. Anonn is anall a luasc siad, siar is aniar, ag pógadh, ag cuimilt, ag líonadh a scamhóga le boladh a chéile. Mhothaigh Eoin an pléisiúr ag méadú i ngach ball dá chorp – go dtí gur thosaigh an t-amhránaí srónach ar gholtraí nua.

Fonn eile a mheabhraigh an t-amhrán seo dó, fonn a bhí ar eolas go maith aige: Amhrán na Trá Báine. Amhrán an Bhá.

Mhúch tonnta préachta an Atlantaigh Thuaidh an drúis agus thug siad Deirdre i dtreo na n-ailltreacha, gan aer ina scamhóga pléasctha, gan cumas snámha ina géaga briste, gan beatha ina broinn feasta.

Thug Tainá póg fhliuch fhíochmhar dó. Chuir Tayrone canna beorach eile ina lámh. Bhí muintir an bhaile ag luascadh agus ag longadán, a gcolainneacha á suaitheadh ag taoide na beatha. Dhún Eoin a shúile in iarracht an ragús a mhealladh ar ais, ach is éard a chonaic sé roimhe ná Deirdre, a corp á bhascadh i gcoinne na n-ailltreacha ag maidhm i ndiaidh maidhme, go síoraí gan stad, go dtí nach raibh fágtha ach dusta idir chlocha duirlinge.

'Ní gá, ní gá.'

'Ach shíl mé nach raibh páistí uait.'

Shlíoc Eoin gruaig Tainá dá baithis. Chaith loinnir coinnle scáileanna boga ar bhallaí láibe an tseomra. Bhí an scléip sa phlásóg le cloisteáil i gcéin, an t-amhránaí céanna ag crónán leis gan stad gan staonadh.

'An cuimhin leat an rud sin a dúirt tú an lá sin ar tháinig mé féin agus Tayrone ar chorp an stócaigh sin? Gur luigh tú liom an chéad oíche a casadh ar a chéile muid toisc go mb'fhéidir nach bhfaighfeá an seans arís?'

'Is cuimhin.'

'Agus an cuimhin leat an rud a dúirt tú an lá sin ar thit mé amach le Wellington faoi loscadh na foraoise? Gurb í an chéad ghlúin eile a fhíoróidh ár n-aislingí?'

'Is cuimhin.'

'Bhí mé ag smaoineamh faoi na rudaí sin ar fad inniu.'

'Agus?'

'An raibh tú uaigneach riamh i ndiaidh rud éigin nach raibh uait go dtí go raibh sé imithe?'

'Céard atá i gceist agat?'

D'fhéach Eoin i leataobh, ar a scáil féin ar an mballa. Thug sé nod don scáil, agus thug an scáil nod ar ais dó. Níorbh ionann gan rud a insint agus bréag.

'Tháinig eagla orm. Áit chontúirteach í seo. D'fhéadfadh sé a bheith rómhall lá éigin.'

Chuir Tainá a méar ar a bheola.

'Éirigh as an gcaint mar sin, agus déan beart de réir do bhriathair.'

15

Bhí Tayrone agus Eoin ina seasamh ar an dumhach gainimh ar tháinig siad ar chorp an stócaigh ann cúig mhí roimhe sin. Bhí an ghrian ag ísliú os cionn na dufaire agus bhí aghaidheanna na gclabhtaí móra báistí os cionn an aigéin chomh dearg céanna leis an bpéint a bhí smeartha ar a aghaidh ag Tayrone.

'Sin é é, thall ansin,' a dúirt Tayrone.

D'fhéach Eoin sa treo a raibh a chorrmhéar á díriú ag Tayrone. Thall, ar an gcósta, leathbhealach idir thrá Havaiana de Pau agus an baile mór, chonaic sé an phlandáil a raibh siad chun athghabháil a dhéanamh uirthi an lá dár gcionn. Líon pailmeacha cócó stráice fada cothrom idir an bóthar agus an fharraige.

'Nach bhfuil club marcaíochta san áit sin?'

'Tá. Agus tá cead faighte ag úinéir na háite sin ceithre chéad teach saoire a thógáil. Ní dhearnamar aon athghabháil le leathbhliain anuas, ach má éiríonn leis siúd baile saoire a thógáil i gcroílár ár dtearmainn, ní thabharfar ár dtalamh ar ais dúinn go brách.'

'Ceithre chéad!?'

'Tá deich gciliméadar cearnach sa phlandáil sin,' a dúirt Tayrone.

Lig Eoin srann feirge as.

'Fíricí ar an talamh a theastaíonn ó na tiarnaí talún is léir; fíricí nach mbeidh an rialtas in Brasília in ann a shéanadh.'

'Ná bí buartha, cuirfimid a bpleananna ar fad san aer orthu amárach.'

Bhreathnaigh Eoin luí na talún. Bheadh tionchar mór millteanach ag ceithre chéad teach saoire ar an áit. Bhainfí cuid mhór de na pailmeacha agus rachadh dramhaíl na dturasóirí isteach san fharraige. Níorbh é a dtearmann féin amháin a bheadh á shábháil ag an treibh amárach ach éiceolaíocht an cheantair ar fad.

'Fan socair!'

'Tá brón orm.' Thug Eoin dhá phóigín do Tainá, ceann ar a beola agus ceann ar a bolg mór.

Bhí péint chogaidh á cur ar aghaidh Eoin ag Tainá, ach bhí lán a shúl á bhaint aige sin as a raibh ag tarlú ina thimpeall. Ní raibh an ghrian éirithe fós, ach bhí an treibh ar fad cruinnithe le chéile sa phlásóg, fuadar fúthu faoi sholas geal na mbolgán spárála fuinnimh a bhí crochta ó rachtaí an *oca*. Púdar mín dearg a raibh leacht measctha tríd a bhí sa phéint; bhí buidéil mhóra Coca Cola lán den stuif ullmhaithe ag mná theach an chasabhaigh. Nuair a bhí Tainá críochnaithe le leicne Eoin, mhaisigh sí a haghaidh féin agus nuair a bhí sí réidh leis sin bhain sí a guthán amach as póca cúil a jíons.

'Druid isteach liom.'

Chuir Eoin a lámh timpeall uirthi. Choinnigh Tainá an fón amach uathu. Chuir sí strainc uirthi féin.

'Tóg tusa é, tá lámha níos faide agatsa.'

Thóg Eoin an fón uaithi, dhírigh an lionsa orthu beirt agus bhrúigh an cnaipe.

'Scrios an ceann sin. Rinneamar gáire. Táimid i mbun cogaidh.'

Thóg Eoin grianghraf eile. D'fhág na stríoca dearga, tiubh agus ealaíonta, cuma uasal ar a n-aghaidh dháiríre.

'Seasfaidh an phéint idir sinn agus an drochrud,' a dúirt Tainá. Chuir sí an fón ar ais ina póca agus rinne miongháire. 'Anois beidh pictiúr ag ár mac dá thuismitheoirí féin ar an lá cinniúnach seo.'

D'fhéach Eoin uirthi, a shúile lán iontais.

'Ár mac? Conas atá a fhios agat gur buachaill a bheas ann?'

'An bhfuil a fhios agat an bhean atá i gceannas ar theach an chasabhaigh? Ise a dúirt liom é. Tá muinín mhór agam aisti.'

Theastaigh ó Eoin a rá gur mó an mhuinín a bheadh aige féin as scanadh dochtúra, ach díreach ag an bpointe sin shiúil mórsheisear fear tharstu a raibh cochaill dhubha, poill iontu do na súile, á gcaitheamh ar a gceann acu. Bhí an *Cacique*, Tayrone agus Wellington ina measc; d'aithin Eoin a siúl.

'Cad chuige na cochaill sin?' a d'fhiafraigh sé, de chogar.

'Sin iad na fir is mó a mbeidh a mbeatha féin i mbaol inniu,' a dúirt Tainá. 'Mharaigh siad beirt i gceann de na gaiscí athghabhála eile. Tá neart daoine amuigh ansin ar mhaith leo a gcloigeann siúd a fheiceáil ar bharr píce.'

Bhí pící dá gcuid féin faoi réir ag cuid de mhuintir an bhaile. Bhí boghanna agus saigheada ag dornán fear a bhí in ann iad a láimhseáil. Bhí a gcuid sceana móra ag fir mheitheal na foraoise agus ag mná theach an chasabhaigh. Bhí bataí adhmaid a raibh tairní curtha trína mbarr ag Tainá agus ag an gcuid ba shine dá daltaí scoile. Bhí ceann ag Eoin freisin. Bhí súil le Dia aige nach mbeadh air é a úsáid.

Ní raibh an spéir thoir ach tosaithe ag gealadh nuair a bhain siad an phlandáil amach. Níor dhúisigh an dá shearrach déag a bhí ina luí i ngort féir gar don teach mór nuair a shleamhnaigh trí scór bundúchasach tharstu agus gach seans go raibh muintir an tí fós ina gcodladh nuair a bhris cloch fuinneog ar an gcéad urlár. Caitheadh tóirse lasta isteach ina dhiaidh sin agus gan mhoill rith an líon tí ar fad – fear, bean, beirt bhuachaillí sna déaga – amach an doras, éadaí leapan orthu agus scéin ina súile. Tháinig bean mhór ghorm ag sodar amach ina ndiaidh, aprún uirthi agus spúnóg mhór adhmaid ina lámh a bhí á bagairt aici ar shlua na mbundúchasach.

'Sin í an t-aon duine acu a bhfuil magairlí aici,' a dúirt Tainá i gcluas Eoin.

Bhí a lámha in airde ag an athair, ag an máthair agus ag an mbeirt dhéagóirí. Dhruid fir na gcochall dubh le muintir an tí chun a lámha a cheangal taobh thiar dá ndroim.

'Cad a tharlóidh dóibh anois?' a d'fhiafraigh Eoin, súil aige nach dtabharfadh Tainá an creathadh ina ghlór faoi deara.

'Tada, mura gcuirfidh siad inár gcoinne. Scaoilfear saor ar ball iad ag an bpríomhbhóthar. Faoin am a mbeidh na póilíní anseo ní bheidh fágtha den teach ach carn luaithrigh. Nuair a bheidh cúrsaí ciúnaithe síos, tógfaimid baile bundúchasach eile anseo.' Rug sí ar lámh Eoin agus chuir ar a bolg féin í. 'Cá bhfios nach dtógfaimid ár dteach féin anseo nuair a bheidh sé seo tagtha ar an saol. Is breá liom mo dhearbháir, ach ...'

Díreach ag an bpointe sin shaor duine den bheirt déagóirí é féin ón ngreim láimhe a bhí ag duine d'fhir na treibhe air. Gan air ach fobhríste oráiste, thug sé sciuird mhire tríd an slua, a lámha os a chomhair chun a aghaidh a chosaint. Ní raibh aon choinne ag na bundúchasaigh lena ruathar agus d'éirigh leis gort na gcapall a bhaint amach. Bhí gach liú agus béic as agus chuaigh na searraigh, a bhí ag seitreach go hard ó briseadh an fhuinneog ar an gcéad urlár, ar mire ar fad. Sular éirigh le duine ar bith stop a chur leis d'éirigh leis an leaid óg an geata a oscailt agus bhris an dá shearrach déag amach ina dtáinrith, scéin ina súile agus fuadar faoina gcosa.

Bhí an áit ina cíor thuathail ansin: na searraigh ag seitreach, na bundúchasaigh ag béicíl, dusta ag dalladh na súl agus urchair á scaoileadh san aer. Leag ceann de na searraigh seanbhean theach an chasabhaigh. Shuigh Tainá ar a gogaide in aice léi chun cúnamh a thabhairt di, ach ní fhaca sí go raibh stail óg ag déanamh uirthi féin de ruathar. Soicind nó dhó eile agus shatlódh crúba an chapaill uirthi agus ar an leanbh ina broinn.

Thug Eoin sciuird bhuile i dtreo na staile agus léim ar a chliathán mar a léimfeadh laghairt ar bhalla. Gan mhoill, bhí sé ar mhuin an chapaill; bhrúigh sé a ghlúin isteach in easnacha an ainmhí chun a gcúrsa a athrú. Ba ar éigean é, ach sheachain siad Tainá agus an bhean ó theach an chasabhaigh.

Nuair a d'fhéach sé thar a ghualainn, chonaic sé go raibh an chuid eile de na searraigh ag teacht ina ndiaidh, cosa in airde.

Chaithfeadh sé gurb é an stail seo a gceannaire! Lig sé liú caithréimeach as agus stiúir an stail isteach idir dhá shraith de phailmeacha cócó, i dtreo na farraige. Lean na searraigh eile é.

Agus greim dhocht aige ar mhoing dhonn na staile, a aghaidh féin chomh gar sin do cheann an chapaill gur thochais folt an ainmhí a shrón, rith sé le hEoin gur ar mhaithe leis an lá seo, ar mhaithe leis an nóiméad seo a rugadh é. Agus thuig sé, leis, nárbh fhiú cac an diabhail rud ar bith dár fhoghlaim sé riamh: dlithe idirnáisiúnta, reachtaíocht chearta daonna, briathra neamhrialta agus an modh foshuiteach – níorbh iad sin a shábháil é féin, a bhean, a mhac agus a threibh inniu. Rud éigin a bhris trí shúile an chait díreach in am a shábháil iad.

Léim siad thar fál, amach ar an trá agus isteach sa bhrachlainn.

16

Bhain siorradh gaoithe siosarnach as duilleoga na gcrann ar imeall na dufaire. Soicind ina dhiaidh sin, thosaigh sé ag gleadhradh báistí, á scaoileadh ag na néalta luaidhe a chlúdaigh an taobh tíre ó mhoch maidine. D'fhág braonta troma poill i gcréafóg an bhóithrín go dtí an brú óige, a bhí ina puiteach cheana féin. Oíche an lae a ndearna siad athghabháil ar an bplandáil, bhí séasúr na báistí tosaithe; cúpla sos cogaidh gearr fágtha as an áireamh, bhí sé ina dhíle le dhá lá anois. Thosaigh Eoin ag rith, ach sciorr na flip fleapanna sa chréafóg agus b'éigean dó moilliú ar a choiscéim arís ar eagla go dtitfeadh sé sa láib. Bhí sé báite go craiceann faoin am ar oscail sé doras an bhrú óige. Ní raibh éinne sa halla fáiltithe. Thriomaigh sé a chabhail agus a lámha lena léine agus chuaigh isteach sa seomra bia.

Bhí Chico ina shuí ag ceann de na boird, nuachtán á léamh aige, ach d'éirigh sé a luaithe is a chonaic sé Eoin, d'fhill an nuachtán ina rolla agus bhagair sin ar Eoin go magúil. Bhí áthas ar Eoin Chico a fheiceáil freisin; mar ab iondúil, bhí Tainá agus Tayrone ag obair ar an lá a bhí saor aige féin. Ach níor luaithe barróg fáiscthe ar a chéile acu ná d'imigh an magadh d'aghaidh Chico. D'oscail sé an nuachtán a bhí ina lámh aige ar cheann de na boird. Leath a dhá shúil ar Eoin.

Leathanach iomlán a bhí sa scéal. Bhí Eoin féin le feiceáil go soiléir i ngrianghraf mór i lár an ailt, é ar mhuin na staile, péint dhearg – a bhí liath sa phictiúr dubh agus bán – stríoctha ar a leicne geala. Bhí Tainá lena thaobh, a boilgín torrach le feiceáil go soiléir faoina léine. Bhí deichniúr bundúchasach ar a gcúl, gach duine acu ar mhuin a chapaill féin, agus ar a gcúlsan dhorchaigh meall mór deataigh an spéir. Ba chuimhin le hEoin anois go raibh daoine ar an bpríomhbhóthar, pictiúir á dtógáil acu lena ngutháin phóca, nuair a thug siad na capaill chun bealaigh an mhaidin sin. Bhí na grianghraif sin curtha go dtí na meáin acu!

'DÉANANN "INDIAIGH" CREACH AR PHLANDÁIL EILE' an cheannlíne a bhí ar an alt sa nuachtán.

'Tuigeann tú gur tusa ach go háirithe is cúis leis na huaschamóga sin timpeall ar an bhfocal "Indiaigh", nach dtuigeann?' a dúirt Chico. 'An bhfuil a fhios agat céard a thug Artur oraibh nuair a d'fhág sé an nuachtán seo isteach chugam ar maidin le go dtaispeánfainn duitse é? "Bithiúnaigh agus eachtrannaigh gléasta suas mar Indiaigh." Sin a dúirt sé.'

D'fhan Eoin ina thost. Mhothaigh sé a ghrua ag lasadh. Ní fhéadfaí a shéanadh go raibh cuma an éin choirr air sa ghrianghraf. Oiread míonna caite faoin ngrian aige, oiread focal i dteanga na treibhe ar a thoil aige, oiread meacan casabhaigh ite aige, péint chogaidh ar a aghaidh, agus fós bhí cuma chomh coimhthíoch céanna air is a bheadh ar Tayrone nó Tainá i lár bhaile Shionainne.

'Tuigeann tú go gcothóidh grianghraif agus ceannlínte mar seo go leor drochphoiblíochta do do chairde.'

Dhún Eoin an nuachtán.

'Ní bhfuair aon duine bás san athghabháil agus is mise a chinntigh nach bhfuair. Bhí ár ar tí tarlú nuair a d'éalaigh na capaill as a ngort ach d'éirigh liom deireadh a chur lena dtáinrith. Dá leanfadh an rí-rá is cinnte go ndéanfadh muintir an tí iarracht cur inár gcoinne agus bheadh piléir ina gceann anois.'

'Nach deas an dream iad na cairde atá agat?'

'Éirigh as, Chico. Tá a fhios agat go maith nach é seo an chríoch a shamhlaigh mé a bheadh ar an scéal nuair a tháinig mé go dtí an áit seo.'

D'fhéach Chico idir an dá shúil air.

'Cá mhéad mí atá le dul ag do bhean?'

'Ceithre mhí.'

'Ar chuimhnigh tú ar an gcineál saoil a bheidh ag do mhac nó d'iníon san áit sin?'

'Nach é sin go díreach an fáth a bhfuilimid ag troid ar son ár gcearta? Gealladh tearmann dár gcuid féin dúinn, áiseanna sláinte, áiseanna oideachais agus slám rudaí eile.'

'Cén "dúinn" atá ort? As Éirinn thusa chomh fada le mo chuimhne.'

'Cinnte, is as Éirinn mé. Ach athair pháiste bhundúchasaigh a bheidh ionam gan mhoill. Saoránach de chuid na Brasaíle a bheas sa pháiste leis, ar ndóigh, rud a thabharfaidh cead cónaithe agus cearta eile domsa sa tír seo.'

Bhreathnaigh Chico ar Eoin amhail is go bhfaca sé den chéad uair é.

'Is fíor sin.'

'Mar a deir tú féin, bíonn dhá thaobh ar gach aon scéal.'

Níor fhreagair Chico; ní raibh a fhios ag Eoin cad a déarfadh sé chun an teannas a mhaolú. Bhí sé buíoch as an gclagarnach a bhain an bháisteach as an díon; cheil sé an ciúnas. Tar éis tamaill, d'imigh Chico isteach sa chistin. Tháinig sé ar ais agus bosca beag cairtchláir ina lámh aige.

'Seo rud eile a d'fhág Artur isteach ar maidin.'

Shuigh sé síos ag ceann de na boird agus d'oscail an bosca. Bhí seacláidí istigh ann.

'Tá triail á baint acu as oideas nua sa Chomharchumann.

Bíodh ceann agat.'

Bhí drogall ar Eoin. Ní raibh fonn air aon rud a raibh baint ag ceannaire na dtiarnaí talún leis a ithe, ach bhí míonna ann ó bhlais sé seacláid, ná milseán féin. Shuigh sé os comhair Chico, roghnaigh ceann de na seacláidí ciardhonna agus chuir ina bhéal é.

Dhún sé a shúile: in ucht Tainá amháin a bhí pléisiúr le fáil a bhí inchurtha leis an aoibhneas a líon a bhéal anois. Mhungail sé an tseacláid go mall; bhlais sé cré, spíosraí, rúndiamhair na dufaire féin. Conas a d'fhéadfadh ní a raibh blas neimhe air a theacht ó namhaid chomh nimhneach? Níor éirigh leis an cheist sin a fhreagairt, agus phlúch an clagarnach ar an díon a mhachnamh. Shuigh sé siar sa chathaoir agus chuir seacláid eile ina bhéal. D'fhág sé ar bharr a theanga í, shúigh go mall í, agus chuimhnigh ar Tainá. Bhí na seacláidí ar fad ite acu faoin am ar stop an bháisteach.

Bhreathnaigh Chico ar a uaireadóir.

'Cogar, bhí mé ar tí na nathracha a bheathú nuair a thosaigh sé ag doirteadh. Ní fhaigheann siad bia ach uair sa tseachtain. Níor mhaith liom iad a choinneáil ag fanacht.'

Chuir an chaint ar nathracha craiceann circe ar Eoin, ach b'fhearr leis cuairt ar pholl na bpéist i gcomhluadar Chico ná an lá a chaitheamh ag siúl timpeall go díomhaoin, gan de chomhluadar aige ach a chuid smaointe féin.

'Rachaidh mé leat, murar miste leat.'

D'fhan Eoin ina sheasamh méadar nó dhó ón teach gloine leathshuncáilte a bhí mar nead ag na nathracha fad is a chuaigh Chico isteach sa bhothóg lena thaobh. Bhí an ghrian ag scaladh trí na néalta anois ach bhí deora troma fearthainne ag titim ó dhuilleog go duilleog sna crainn a chuir scáth ar fáil don teach gloine.

D'fhéach Eoin ar na *jararacas*. Mura dtabharfaí bia dóibh, an íosfaidís a n-eireaball féin, mar ba nós lena chuid smaointe féin a dhéanamh le deireanas? Nó, an maróidís a chéile, dála na treibhe agus na n-úinéirí talún?

'Chico!' a scairt sé, gan é in ann, go tobann, cur suas ar feadh oiread agus soicind eile le smaoineamh a bhí á chéasadh. 'Más fíor go mbíonn dhá thaobh ar gach aon scéal, nach luíonn sé le réasún mar sin féin go mbíonn taobh amháin den scéal ceart agus an taobh eile mícheart?'

Tháinig Chico amach as an mbothóg agus cliabhán stáin ina lámha. Bhí luchóga beo istigh ann, ingne a lapaí beaga á scríobadh acu ar na barraí miotail. Rinne sé gáire.

'An amhlaidh nach raibh comhrá éirimiúil agat ón uair dheiridh a bhí tú anseo nó rud éigin?'

'Nílim ach ag cur na ceiste.'

Chuir Chico an cliabhán síos in aice leis an teach gloine.

'Bhuel, ós rud é go bhfuil fonn chomh mór sin ort cúrsaí fealsúnachta a phlé, creidimse gur sa lár a bhíonn an fhírinne. Tabharfaidh mé sampla duit. Táim ar tí na luchóga seo a thabhairt do na nathracha. D'fhéadfadh duine brúidiúlacht a chur i mo leith. Ach murach na nathracha seo a chothaím, ní bheadh aon fhrithnimh ag na hionaid sláinte anseo timpeall.'

'Ní faoi ainmhithe atáim ag caint anois ach faoi dhaoine. Abraimis go bhfuil dhá thaobh ar scéal, maith agus olc. Más amhlaidh atá, an ceadmhach do dhuine fanacht ar an gclaí? Leathbhealach idir maith agus olc a bhíonn claí an nath cainte, nach mbíonn? Ach aon rud atá leathbhealach idir maith agus olc – is é sin le rá, leatholc – tá sé fós go dona. Nach bhfuil an ceart agam?'

D'oscail Chico an glas a bhí ar an teach gloine agus shocraigh a spéaclóirí gréine, a bhí tar éis sleamhnú síos oiread na fríde, ar a cheann.

'Sin argóint an dreama a cheapann go bhfuil an saol dubh agus bán. Creidimse sa chomhréiteach.'

Bhí a dhá lámh ag teastáil ó Chico chun an pána gloine a chlúdaigh nead na nathracha a bhaint di. Rinne cuid de na nathracha iarracht lúbarnaíl suas fad leis an oscailt, ach bhí an ghloine ró-ard agus róshleamhain dóibh. Rug Chico ar chliabhán na luchóg, d'oscail é agus d'iompaigh na luchóga isteach i nead na nathracha.

Ní raibh neart ag Eoin air féin. Dhruid sé leis an teach gloine mar a dhruidfeadh duine le timpiste bóthair. Níor labhair sé féin ná Chico go dtí go raibh na luchóga ar fad slogtha siar ag na *jararacas*.

'Chico, an naimhde sinne tar éis gach rud atá tar éis tarlú?'

'Naimhde? Is cara liomsa thusa. Fear óg cróga, cliste thú. Is dóigh liom go bhfuil dul amú ort faoi rudaí áirithe, ach ní athraíonn sé sin an cion atá agam ort. Ach agatsa amháin atá a fhios an cara leatsa mise i gcónaí.'

Shín Eoin amach a dhá lámh.

'Shábháil tú mo bheatha. An gá dom aon rud eile a rá?'

Shín Chico amach a dhá lámh féin chun barróg a bhreith ar Eoin, ach stad sé.

'Céard é sin i do shúil?'

'Cad é?'

'An rud sin i do shúil chlé.'

Chuir Chico a mhéara ar leicne Eoin chun a aghaidh a choinneáil socair agus scrúdaigh an tsúil.

'An bhfuil a fhios agat céard é sin? "Feoil sa tsúil" a thugtar ar an bhfás sin. Tá sé feicthe go minic cheana agam.'

Chuimil Eoin droim a láimhe dá shúil go fíochmhar.

'Ná bac leis sin, ní imeoidh sé,' a dúirt Chico. 'Ní dóigh liom go bhfuil mórán dochair ann san áit a bhfuil sé, ach má fhásann sé agus má chlúdaíonn sé an mac imrisc, beidh ort dul faoin scian.'

Ar an bpointe boise, bhí smaointe Eoin ag ithe a chéile arís. Ní fhéadfadh sé dul go dtí an baile mór ar thóir chúram leighis; d'aithneofaí é a bhuíochas leis an ngrianghraf sin sa nuachtán. Chuirfí i gcillín príosúin é in éineacht le scór mangaire drugaí, SEIF ar an uile dhuine acu.

Glór Chico a thug ar ais go dtí an t-am i láthair é.

'Grian láidir na tíre seo is cúis leis. Mholfainn duit spéaclóirí gréine a chaitheamh, mar a dhéanaimse. Gabh i leith, tá péire agam sa teach nach mbainim úsáid astu a thuilleadh.'

Thuas ina sheanseomra, sheas Eoin os comhair an scatháin. Bhí an ceart ag Chico. Bhí fás aisteach liathbhán ina shúil chlé, ar imeall an imrisc.

Ar ball, tháinig Chico isteach, péire spéaclóirí gréine ina lámh aige. Spéaclóirí breátha ab ea iad, dearadh spóirt agus cuma chostasach orthu.

'An bhfuil tú cinnte nach dteastaíonn siad uait níos mó?'

'Lánchinnte. Táim róshean do spéaclóirí gréine den dearadh sin. Ach beidh siad go deas ar bhoc óg cosúil leatsa.'

Chuir Eoin air féin iad. D'fhág siad cuma an Bhrasaíligh air.

Fiú i lár shéasúr na báistí, bhí neart i ngrian an tráthnóna. Bhí créafóg an bhóithrín síos go dtí an príomhbhealach ag triomú go tapa.

Bhí Eoin faoi dhraíocht ag a spéaclóirí gréine. Bhí beocht bhreise i ndathanna na mbláthanna agus snas breise ar dhuilleoga na gcrann. Chonaic sé imireacha, mionghnéithe agus doimhneacht nach bhfaca sé riamh cheana, iad plúchta go dtí seo ag gile mhíthrócaireach na gréine loime. Bhí cuma úrnua ar an saol.

Bhí sé chomh tógtha sin lena bhréagán nua gur cheap sé gur ina gcodladh a bhí Jonas agus Marcos nuair a chonaic sé uaidh iad. Bhí siad ina luí i bpaiste féir le taobh an bhóithrín, gar don phríomhbhealach. Leisceoirí, a dúirt sé leis féin, ag gáire. Mura mbeinnse ar patról i dteannta Tayrone an t-am ar fad d'fhéadfainn féin an rud céanna a dhéanamh.

Dhruid sé leo chun bob a bhualadh orthu. Ní fhaca sé na poill ina n-éadan go dtí go raibh sé díreach in aice lena gcoirp.

17

'Dúirt mé libh míle uair cheana nach bhféadfadh sé gurbh é Chico a mharaigh iad! Ní raibh Jonas agus Marcos ansin nuair a chuaigh mé suas go dtí an brú óige. Bhí mé i dteannta Chico an mhaidin ar fad agus bhí sé fós thuas sa bhrú óige nuair a tháinig mise ar na coirp thíos ag an bpríomhbhóthar. Conas a d'fhéadfadh seisean iad a mharú?'

Bhí rostaí Eoin á scamhadh ag an téad lenar cheangail siad a lámha taobh thiar dá dhroim. Bhí sé ina luí béal faoi sa chréafóg thais. Bhí boladh dreoite ar an aer. De réir cosúlachta, ní raibh duine ar bith ina chónaí sa teachín láibe seo ar imeall an bhaile. Bhí na spéaclóirí gréine a bhí faighte aige ó Chico ina luí cúpla coiscéim uaidh; briseadh iad nuair a thug Wellington buille idir an dá shúil dó. Bhí ré roithleagán ina chloigeann tar éis an ghreadadh a tugadh dó ina dhiaidh sin, ach rinne sé a dhícheall guaim a choinneáil air féin. Fuarchúis, réasún agus loighic amháin a shábhálfadh anois é.

'Táim ag insint na fírinne daoibh. Ar bhur dtaobh atáim, mionnaím sin ar bheatha an linbh i mbroinn mo mhná.'

Ar Tayrone, a bhí ina sheasamh sa duifean ag an doras dúnta, a dhírigh sé a chuid cainte. Ach d'fhan seisean agus an *Cacique*, a bhí ag siúl siar is aniar i lár an tseomra, ina dtost.

Tharraing Wellington cic millteanach sa chloigeann air.

'Cá bhfios dúinn nach tú féin a mharaigh iad?'

Cad ina thaobh a gceapann siad go maróinnse iad? Cén chúis a bheadh agam? Bhí Eoin ar a mhíle dícheall greim a choinneáil ar a chuid smaointe agus iad curtha ag réabadh soir siar agus sall trína cheann ag cic Wellington. Cén chúis a bheadh agam Jonas agus Marcos a mharú ach a cheapadh gur ag spiadóireacht orm a bhí siad? Go bhfóire Dia orm, a shíl Eoin, sin atá ann. Chuir siad an bheirt sin ag spiadóireacht orm. Ceapann siad go bhfuil rud éigin tromchúiseach á cheilt agam, ceapann siad go bhfuair Jonas agus Marcos amach faoi agus gur mharaigh mé iad chun pé rún a bhí agam a chosaint. Tá mo chosa nite.

'Bain an téad dá lámha. Creidimse é.' Tayrone a labhair.

Chrom Wellington síos agus rinne mar a ordaíodh dó. Den chéad uair ó tugadh Eoin isteach sa teachín folamh, labhair an *Cacique*.

'Déanfaimid athghabháil ar thailte shean-Chico amárach.'

'Ach ...' Sciorr an focal ó Eoin dá ainneoin féin; mhúch sonc ar chúl a chinn an chuid eile den abairt.

'Caithfidh duine éigin íoc as an dá dhúnmharú seo. Ar thalamh

Chico a fuarthas na coirp,' a dúirt an *Cacique*, agus amach an doras leis.

Sa mharbhsholas, chuir Wellington a lámh ar ghualainn Tayrone.

'Bainfidh tú féin agus Tainá bhur ndíoltas amach amárach,' a dúirt sé de chogar. Níor fhreagair Tayrone; dhún Wellington an doras ina dhiaidh.

D'fhan Eoin ina luí. Bhí an fhuil ag preabadh i gcuislí a lámh ach ní raibh sé de neart ann éirí. Bhain sé triail as a ghéaga go cúramach, ina gceann is ina gceann. Bhí pian i ngach ball dá chorp, ach buíochas le Dia bhí an chosúlacht ar an scéal nach raibh aon chnámh briste. Sa deireadh, d'fháisc sé a fhiacla ar a chéile, d'éirigh ina sheasamh agus chuimil an chréafóg dá lámha, dá chliabhrach agus dá ghlúine.

'Cad a bhí i gceist aige?' a d'fhiafraigh sé de Tayrone.

'Ag cén duine?'

'Ag Wellington. Nuair a dúirt sé go mbainfeá féin agus Tainá bhur ndíoltas amach amárach.'

Chuir Eoin céim mhíshocair roimhe sa dorchadas, ach lig sé cnead leathphlúchta as nuair a mhothaigh sé pian mhillteanach i gceathrú a choise clé. Dheifrigh Tayrone anall chuige agus tharraing lámh chlé Eoin thar a ghualainn féin chun tacaíocht a thabhairt dó. Coiscéim ar choiscéim, rinne siad ar an doras.

'Ar inis Tainá duit riamh faoin gcaoi a bhfuair ár n-athair bás?'

Chuimhnigh Eoin ar na deora a shil Tainá le linn a gcéad chomhrá, míonna ó shin, ar thairseach an tí.

'Níor inis,' a dúirt sé.

'*Pois é*. Athair do chara Chico a mharaigh é.'

'Ag magadh atá tú?'

'Piléar idir an dá shúil. Béal an ghunna le clár a éadain. A shaol ar fad caite aige ag obair don chunt. Chum sé siúd scéal éigin faoi ghreim nathrach. Gníomh trócaire a bhí sa philéar, mar dhea.'

D'oscail Tayrone an doras agus chabhraigh le hEoin dul tríd, isteach i solas na leathghealaí.

'Fan soicind,' a dúirt Eoin. 'Cén t-ainm a bhí ar d'athair?'

'Juscelino. Ar dheis Tupá go raibh a anam.'

'Ach tá an scéal seo cloiste cheana agam! Chico féin a d'inis dom é! Nathair a bhí ann i ndáiríre! Chico féin a tháinig ar d'athair an lá sin.'

Chuir súile Tayrone poll ann.

'An fhadhb leatsa, Owing, ná go gcreideann tú rud ar bith a deirtear leat. An raibh tusa i láthair an lá sin?'

'Ní raibh.'

Dhún Tayrone an doras ina ndiaidh.

Bhí siad ar an taobh ó dheas den bhaile, gar don teach mór dóite. Bhí an bóithrín tréigthe. Coiscéim ar choiscéim, thug siad aghaidh ar lár an bhaile, guaillí téagartha Tayrone mar thaca ag Eoin. B'ábhar sóláis d'Eoin an teagmháil fhisiciúil; b'fhaoiseamh é go raibh *brother* lena thaobh a sheas leis in am an ghátair agus nach ligfeadh dó titim anois. Níor thug sé faoi deara go ceann tamaill fhada go raibh a leicne féin fliuch báite. Lig sé cnead as.

'Tá an ghráin shíoraí ag an mboc sin Wellington orm.'

'Níl an ghráin aige ort. Ní raibh sé ach ag cosaint na treibhe. Deartháir mór dúinn ar fad é Wellington. Ach uaireanta caithfidh deartháir amháin greadadh a thabhairt do dheartháir eile le cinntiú nach gcuirtear an chlann ar fad i mbaol.'

Thug Tayrone bogfháisceadh do ghualainn Eoin.

'Tá grá mór agamsa duit. Agus, tá mo dheirfiúr splanctha ar fad i do dhiaidh.'

Bhí siad ag druidim leis an bplásóg. Ba léir go raibh an scéal tar éis scaipeadh go ndéanfaí athghabháil ar thalamh Chico an mhaidin dár gcionn; bhí na lampaí lasta san *oca* agus bhí slua bailithe le chéile ann cheana féin.

'Coinneoimid orainn abhaile,' a dúirt Tayrone. 'Caithfidh tú do scíth a ligean. Caithfidh tú a bheith i mbarr do nirt arís maidin amárach.'

Baineadh siar as Eoin.

'Níl tú ag súil go nglacfaidh mise ...'

D'fhan Tayrone ina sheasamh. Rug sé ar smig Eoin agus chas a cheann seisean ina threo féin.

'An bhfuil tú linn, *my brother,* nó an bhfuil tú inár gcoinne?'

Nílim i bhur gcoinne, a dúirt Eoin leis féin. Ach nílim ag iarraidh a bheith libh amárach. An iarraidh seo amháin, táim ag iarraidh fanacht ar an gclaí.

Ach ansin, rith sé leis go ndéanfadh an treibh athghabháil ar thalamh Chico ar chaoi ar bith dá uireasa. Dá nglacfadh sé páirt san ionradh, bheadh seans aige a chinntiú nach ngortófaí éinne. Agus anuas ar gach aon rud eile, bhí éagóir na staire le cur ina ceart. Bhí trua aige do Chico, ach bhí a dhílseacht dlite don treibh, a chuir baile ar fáil dó nuair a bhí sé ina ghátar. Dósan, fear chomh geal céanna leis na fir a rinne sléacht ar a sinsir.

'Tá mé libh,' a d'fhreagair sé.

Leag sé a cheann ar bholg Tainá agus d'éist le gluaiseachtaí an linbh ina broinn. Thug an tuirse, an teas agus an monabhar ceoil a bhí ar siúl ag Tainá, suantraí sheachránach a bhí á cumadh ó bharr a cinn aici de réir cosúlachta, siar é chuig lá sona, soineanta samhraidh i Sionainn, blianta fada ó shin. Chaithfeadh sé go raibh sé ceithre nó cúig bliana d'aois; bhí sé ina luí i mbaclainn a mháthar, a chuid gruaige á muirniú aici agus suathaireacht á déanamh aici ar a ghéaga tar éis dó titim anuas as an gcrann mór darach ag bun an gharraí.

Lá breá éigin amach anseo, i gceann ceithre nó cúig bliana, nuair a bheadh cúrsaí socraithe síos agus bonn ceart faoina shaol an athuair, thabharfadh sé Tainá ar cuairt go hÉirinn agus d'fheicfeadh sí féin agus a maicín óg an crann darach sin.

18

'A Eoin, éirigh! Is gearr go mbeidh an lá ag gealadh!'

Thug Tainá póigín ar a bhaithis dó. D'iompaigh Eoin ar a thaobh agus lig cnead as; bhí a cholainn briste brúite ag Wellington. Thóg Tainá a cheann idir a lámha.

'Beidh tú ceart go leor. Cuirfidh mé an phéint dhearg ar d'aghaidh.'

Shuigh Eoin aniar agus lig do Tainá an phéint a chuimilt isteach ina chraiceann. Bhí a aghaidh ar fad á smearadh leis an stuif aici an uair seo agus b'ábhar faoisimh dó é sin; ní fheicfeadh Chico an bhail a bhí fágtha ag Wellington air. I gceann coicíse nó mar sin, nuair a bheadh cúrsaí ciúnaithe síos rud beag, d'aimseodh sé Chico agus mhíneodh sé gach rud dó. Dá ndéanfadh sé mar a d'iarrfaí air inniu, dá gcruthódh sé don treibh ar fad gur duine é Eoin Ó Síocháin a bhféadfaí brath air, is cinnte go n-éistfí leis.

'An ólfaidh tú braon caife?'

'Níl aon ghoile agam.'

'B'fhearr dúinn aghaidh a thabhairt ar an slógadh mar sin.'

Bhí an lá ag breacadh os cionn an Atlantaigh nuair a chas siad isteach i mbóithrín an bhrú óige: fir na gcochall dubh chun tosaigh, Eoin agus Tainá ar a gcúl agus na scórtha óglach laistiar díobh, mná agus fir, óg agus aosta, bataí, pící, sceana agus clocha faoi réir ag an uile dhuine.

Bhí siad nach mór leathbhealach nuair a chuala Eoin gleo ag druidim leo tríd an dufair. D'aithin sé an fhuaim láithreach. Ní raibh radharc ar bith uirthi go fóill, ach gan dabht ar bith faoin spéir ba é sin an Kombi ag teacht anuas an cnoc.

Ba léir go raibh snagaireacht an tseaninnill cloiste ag fir na gcochall dubh freisin. Stad siad ag an droichead thar an abhainn agus chuir an *Cacique,* Tayrone agus Wellington – d'aithin Eoin iad in ainneoin a gcochall – a méara lena mbeola. Tháinig ciúnas corr corraithe ar an slua; neartaigh an teannas de réir mar a neartaigh fothram an innill. Nuair a tháinig an Kombi timpeall ar an gcasadh lastall den droichead faoi dheireadh, d'éalaigh mionnaí móra déistine as na scórtha béal.

Bhí Adriana ina suí i suíochán an phaisinéara.

'Brathadóir!' a bhéic an slua.

Sheas Chico ar na coscáin agus rinne iarracht cúlú, ach theip ar an inneall. Gan mhoill rith fir na gcochall dubh thar an droichead. Sheas siad in aice leis an Kombi, béil a ngunnaí le fuinneoga na ndoirse.

Mhothaigh Eoin an slua ag druidim aniar taobh thiar de. Chas sé timpeall agus d'fhógair orthu seasamh siar, ach níor thug siad aon aird air agus theann siad isteach leis an droichead. An mbeadh na slata adhmaid in ann do mheáchan na scórtha duine?

Chas sé timpeall arís, súil aige go n-éireodh le Tayrone smacht a choinneáil ar an slua, ach bhí Tayrone ina sheasamh i lár an droichid, greim muiníl aige ar Adriana agus béal a ghunna le huisinn a cinn.

'Breathnaígí agus ná déanaigí dearmad,' a bhéic Tayrone leis an slua. 'Filleann an feall ar an bhfeallaire.'

Bhain pléasc tirim macalla as cnocáin na dufaire; soicind ina dhiaidh sin, thit meáchan mór san abhainn de phleist.

An chéad rud eile, bhí Tayrone ar ais ag an Kombi, orduithe á dtabhairt aige. Bhí fir na gcochall dubh tar éis Chico a tharraingt amach as an veain, cheangail Wellington a lámha taobh thiar dá dhroim. Rith Eoin anonn thar an droichead agus rinne ar Tayrone, ach thug Tainá sciuird ina dhiaidh agus rug ar chaol a láimhe, ag impí air seasamh siar sula dtarlódh drochrud.

Leath straois ar aghaidh Tayrone.

'Díreach an bheirt a bhí uaim.'

Rug Wellington ar ghuaillí Chico agus thug turraic idir na slinneáin dó. Nuair nár thuig Chico an t-ordú, nó nuair a dhiúltaigh sé siúl, tharraing Wellington cic millteanach sa tóin air agus thit Chico béal faoi i láib an bhóithrín. Tharraing Wellington aníos é agus thug turraic eile idir na slinneáin dó. An iarraidh seo chuir Chico céim mhíshocair roimhe. Suas an cnoc leo, Chico ag bacadaíl agus ag stamrógacht, fir na gcochall dubh á ghríosú. Thug Wellington leadhb i ndiaidh leidhbe dó ar chúl a chinn. D'fhógair Tayrone ar Eoin agus ar Tainá teacht ina dteannta. D'fhéach Eoin ar Tainá, alltacht air.

'Cad a dhéanfaidh siad le Chi...'

'Níl a fhios agam.'

Rug sí ar a lámh agus tharraing ina diaidh é, a beola fáiscthe ar a chéile.

Suas leo. Thug Eoin sracfhéachaint thar a ghualainn; thíos ag an droichead, bhí creach á déanamh ag an slua ar an Kombi, a bhí líonta go barr le trealamh surfála, leabhair agus earraí tí. Scrúdaigh sé an dufair le taobh an bhóithrín; ní raibh an scrobarnach róthiubh. D'fhéadfadh sé dul sa seans: léim, rith agus éalú. Ach cad a tharlódh do Chico ansin? Agus do Tainá agus dá mhac?

Sula ndearna sé cinneadh, bhí siad ag an mbrú óige. Bhí glas fraincín trom curtha ar an doras. D'fhéach an *Cacique*,

Tayrone, Wellington agus na fir eile faoi chochaill dhubha ar a chéile.

'Níl aon turasóirí ann, nó bheidís sa Kombi in éineacht leis an mbeirt eile,' a dúirt Tayrone.

'Tabharfaidh muidne aire don teach,' a dúirt an *Cacique*. 'Déan tusa a bhfuil ort a dhéanamh.'

'Tabharfaidh mé Wellington liom. Agus Owing agus Tainá.'

'Ciceálaigí síos an doras,' a dúirt an *Cacique*. Ar an toirt, thug ceathrar óglach faoin doras ar a seal.

D'fhógair Tayrone ar Wellington, a raibh greim docht ar Chico aige, agus ar Eoin agus Tainá é a leanúint. Suas i dtreo shean-fháschoill na gcrann cacó a chuaigh siad, Chico á bhualadh, á chiceáil agus á mhaslú gan stad ag Wellington. Dheifrigh Eoin agus Tainá ina ndiaidh, greim an duine bháite ag Tainá ar lámh Eoin. Ag nead na nathracha, stop Tayrone den siúl agus chas ina dtreo. D'fhéach sé síos suas ar Chico, strainc chráite air.

'Nathair a mharaigh m'athair, an ea? *Pois é*, gheobhaidh mac na péiste ab fhealltaí a chónaigh sa cheantar seo riamh blaiseadh dá nimh féin inniu!'

Bhí aghaidh Chico smeartha le fuil agus láib, ach thug a shúile dúshlán fhear a chéasta.

'Ba é d'athair an cara ab fhearr dá raibh agam riamh.'

De léim, tharraing Tayrone cic millteanach sna heasnacha ar Chico. Lúb na cosa faoi siúd agus thit sé go talamh. Tharraing Tayrone cic eile air.

'An bhfuil tú chun an nóiméad deireanach de do shaol a chaitheamh ag insint bréag freisin? Sibhse a mharaigh m'athair nuair a bhagair sé an dlí oraibh. Ní raibh uaidh ach a phá!'

Rug Tainá ar uillinn a dearthár. 'Tayrone! Ní ainmhithe sinn.'

Thug Tayrone leadhb trasna a béil.

'Céard atá cearr leatsa anois? Nár chaitheamar ár saol ar fad ag fanacht leis an lá seo?'

Chuimil Tayrone droim a láimhe dá shúile, chas chuig Eoin agus chomharthaigh an teach gloine.

'Tusa! Oscail an rud sin!'

Tharraing Eoin anáil dhomhain. Fuarchúis, réasún, loighic.

'Tayrone, déanaimis iarracht tuilleadh doirteadh fola a sheachaint. Ní ar mhaithe leis an treibh é má ...'

'Scrios ort agus ar do chuid seanmóireachta! Nár mhionnaigh tú aréir go bhfuil tú ar ár dtaobh? Nár mhionnaigh tú sin ar bheatha an linbh i mbroinn do mhná?'

'Tá mé ar bhur dtaobh.'

'Taispeáin dúinn go bhfuil, mar sin!'

In aon ghluaiseacht aclaí amháin, rug Tayrone greim muiníl ar Tainá agus chuir béal a ghunna lena bolg.

Tháinig fuarallas le hEoin.

'Ní bheadh sé de mhisneach ...'

Níor chríochnaigh sé a abairt. Bhí féachaint i súile Tainá a léirigh gurbh fhearr an aithne a bhí aici ar a deartháir ná mar a bhí ag éinne eile.

'Oscail an diabhal rud sin!' a bhéic Tayrone le Wellington.

Rug Wellington ar an bpána gloine a chlúdaigh nead na nathracha, ach bhí glas air.

'Seiceáil a phócaí!' a bhéic Tayrone.

Bhí Chico ina luí béal faoi sa chréafóg, gach snag óna scornach, saothar anála air. Thiontaigh Wellington lena chos é faoi mar a bheadh crann leagtha ann agus d'aimsigh fáinne eochracha i bpóca. D'oibrigh an tríú heochair.

Dhaingnigh Tayrone an greim muiníl a bhí aige ar Tainá, chinntigh go raibh béal a ghunna lena himleacán agus shocraigh a chorrmhéar ar an truicear. D'fhéach sé idir an dá shúil ar Eoin agus chomharthaigh nead na nathracha lena cheann.

'Anois, Owing, beidh deis agat a chruthú dúinn go bhfuil tú linn agus nach bhfuil tú inár gcoinne.'

D'fhéach Eoin suas ar spéir gheal na maidine amhail is go mbeadh cabhair nó comhairle ar fáil ansin, nó an fhírinne féin – ach dhall an folús os a chionn é.

Ar fáil ar www.coislife.ie
leis an údar céanna...

Aiséirí

ISBN: 978-1-907494-02-4
2011: Leabhar cló €16; ríomhleabhar

'The work is by turns intelligent, bitchy, sarcastic, engaging, insightful, witty and moving, an affectionate glance at contemporary Ireland in all its triumphs and failings.' (Pól Ó Muirí, *The Irish Times*, 2 April 2011)

Gonta

ISBN: 978-1-907494-29-1
2012: Leabhar cló €14; ríomhleabhar

'Tuairiscí lán croí ó dhomhan eile atá sna scéalta ina léiríonn Hijmans comhbhá le daoine atá faoi chois agus gan chumhacht.' (Pól Ó Muirí, *The Irish Times*, 5 Meán Fómhair 2012)

Vótáladh dó ar cheann de na deich gcnuasach gearrscéalta is fearr sa Ghaeilge o thús na mílaoise in Comhar, *Nollaig 2013.*

Splancanna ó shaol eile: An Bhrasaíl i bhfís agus i bhfocail

ISBN: 978-1-907494-37-6
2013: Leabhar cló €14; ríomhleabhar

'Ní troscán trom tráchtaireachta é an téacs le tuisle a bhaint as tnúthán an léitheora ach machnamh meáite atá préamhaithe sa traidisiún tuarascálach. [...] Tionscadal fíor-uaillmhianach é seo de bharr go mbeidh aird an tsaoil ar [...] Chluichí Oilimpeacha Rio de Janeiro in 2016.' (Dónall Ó Braonáin, *Comhar*, Feabhra 2014)